흐르는 땀방울에도
흩어져만 가고

흐르는 땀방울에도 흩어져만 가고

남수원중학교

김나경 박정은 신하안 양세은
이용원 이채원 정민수 정윤서
최가은 최석연 한다현

파란하늘

머리말

여기, 낯선 공백을 자신만의 색으로 채워나가는 남수원중 학생들이 있습니다. 이들은 삶과 성장을 빈 여백에 진솔한 마음으로 담아냈습니다. 학생들은 글자와 글자 사이에서 쉼과 균형을 찾으며 이를 통해 비움과 여백이 살아 있는 공백으로 생각을 글로 깨워냈습니다. 학생들의 끝없는 도전은 앞으로도 계속될 것이며, 그 여정 속에서 빚어지는 깊이 있는 성찰과 표현이 더욱 기대됩니다. 학생들의 글을 인용하며, 학생책쓰기 과정을 가름합니다.

"이렇게 빠르게 스쳐 지나간 일들에 나는,
멍하게 서 있을 수밖에
없었다."
「흐르는 땀방울에도 흩어져만 가고」 중에서

차례

김 나 경 _너의 빛에 잠겨 / 9

박 정 은 _자판기 외 / 29

신 하 안 _흐르는 땀방울에도 흩어져만 가고 외 / 35

양 세 은 _나의 금요일 / 50

이 용 원 _도피 / 96

이 채 원 _호랑시해전 / 101

정 민 수 _벚꽃 피던 날 그대 외 / 119

정 윤 서 _나의 자리에서 여유롭게, 시작하기! / 130

최 가 은 _미정 / 149

최 석 연 _카아아 패인(pain) / 165

한 다 현 _라일락의 부정 외 / 170

너의 빛에 잠겨

김 나 경

　　달빛조차 구름이 가려 버린, 그야말로 아무도 없는 고요한 밤. 이런 야심한 시각에 학교 옥상에 서 있는 이는 오로지 나뿐이었다. 아무도 없는 적막한 학교는 소름 끼치도록 을씨년스러우면서도 어딘지 모르게 신비로운 기운이 감돌았다. 터무니없는 괴담이었다. 학업에 지친 학생들이 심심풀이로 만들어 낸 이야기일 것이다. 믿는 이가 바보 취급을 당할 만한 그런 이야기. 하지만 어쩔 수 없게도, 바보 같은 나는 지푸라기라도 잡는 심정으로 여기까지 내몰려 오게 되었다.
　　시간이 얼마나 지났을까? 어스름한 새벽이 다가올 무렵, 아직 어두운 하늘에서 더할 나위 없이 부자연스러운 보랏빛이 서서히 퍼져 나갔다. 시선을 돌리자 그 끝에 아주 희미한 미소를 짓고 있는 누군가가 보였다.
　　그 순간, 가슴속 어딘가에 출처를 알 수 없는 오싹한 떨림이 일었다.

◆ ◆ ◆

　수업이 한창 진행 중인 학교에는 같은 말을 반복하는 선생님의 목소리와 분필이 칠판에 탁탁 부딪히는 소리만이 울려 퍼질 뿐이었다. 나는 수업 소리가 울리는 복도를 지나, 계단과 정문을 스쳐가 운동장 한가운데에서 걸음을 멈추었다.

　수업 중에 복도에 있어도, 계단에 있어도, 정문에 있어도, 운동장에 있어도 아무도 나를 볼 수 없다. 당연하다. 나는 사람들에게 보이지 않으니까.

　이런 생활은 의외로 괜찮다. 사람을 신경 쓸 필요도 없고, 마음대로 수업을 빠질 수 있는 데다가 밤늦게 거리를 돌아다녀도 아무런 일이 없다. 그리고 그 무엇보다도, 더 이상 사람들에게 상처받지 않는다.

　그날도 평소와 다를 것이 없는 하루였다. 학생들이 모두 하교를 마쳐 한산해진 학교 뒤뜰 벤치에 앉아 잠을 청하던 날이었다. 우중충한 하늘과 곧게 뻗은 나무들, 시끄럽게 울어 대는 매미들까지. 나는 변했지만, 세상은 여전히 아무 일도 없다는 듯 잘만 돌아가고 있었다.

　얼마나 그곳에 있었을까. 우중충한 하늘의 먹구름이 걷히며 해가 뜬 건지, 감은 눈이 부셔 가만히 눈살을 찌푸렸을 때였다. 바스락, 풀잎이 밟히는 소리에 무심코 그곳을 향해 고개를 돌리자, 그곳에는 한 여자아이가 서 있었다.

　"여기서 뭐 해?"

생긋 웃는 여자아이의 얼굴에도 나는 차마 웃을 수 없었다. 손끝에서부터 핏기가 빠져나가는 듯한 감각에 숨을 제대로 쉴 수가 없었다. 그도 그럴 것이, 그 여자아이는 나와 눈을 마주치고 있었기에.

분명 아무도 나를 볼 수 없을 텐데. 놀란 채로 여자아이를 쳐다보았지만, 그 여자아이는 여전히 나를 바라보며 예쁘장한 미소를 짓고 있었다.

내가 대답하지 않자, 여자아이는 멋대로 벤치에 자리를 잡고 앉았다. 여전히 나를 바라보고 있는 그 밝은 갈색 눈동자가 거북했다.

"혼자 있는 거, 좋아해? 아니면… 여기가 너한테 특별한 장소이기라도 하는 거야?"

나는 아무런 말도 하지 않은 채 그 여자아이를 계속 바라보았다. 그 여자아이는 마치 내가 존재한다는 것처럼 자연스럽게 나를 보고 있었으며, 심지어는 대화를 나누려 시도하기까지 했다.

처음으로 나와 눈을 마주치는 사람이 나타난 순간이었다.

"…"

당황스러웠던 감정은 이내 곧 짜증으로 바뀌었다. 나를 볼 수 있는 사람이, 대체 어째서…. 길게 흐르는 옅은 갈색 머리카락이 흩날리는 사이로 '이솔'이라는 이름이 보였다. 그녀는 잠시 고개를 돌려 하늘을 바라보더니, 이내 다시금 나를 향해 말을 걸었다.

"여기, 자주 와?"

햇살처럼 따뜻한 목소리가 내게 스며들었다. 다정히 웃는 얼굴이 찬란한 빛을 내었다. 이솔이라는 아이는 나에게 없는 찬란한 빛을 가지고 있는 것만 같았다.

"여기에는 나 혼자만 있었는데, 오늘은 네가 여기 있어서 놀랐어."

그 아이는 말을 멈출 수 없는 종달새처럼 계속 재잘거렸다. 나에게 당연한 듯 말을 거는 그 아이가, 나에게 없는 빛을 가지고 있는 그 아이가 어째서인지 너무나도 거슬렸다. 나는 아무런 대답도 하지 않았지만, 이솔은 그런 나에게 계속 말을 걸어왔다. 어차피 대답도 안 하는데, 이솔은 나의 인내심을 시험하려는 듯 말을 멈추지 않았다.

"나랑 같은 학년 같은데, 왜 나는 유안이를 오늘 처음 보는 것 같은 걸까?"

"…."

아, 명찰. 학년에 따라 색이 다른 명찰에 적힌 이름을 발 빠르게 읽어낸 이솔이 생긋 웃어 보였다. 그 따스한 웃음에 어쩐지 뱃속이 거북할 정도로 간지러워져서, 나는 날카로운 어투로 쏘아붙이듯 입을 열었다.

"상관없잖아?"
"하지만, 다른 사람들이 볼 수 없는 걸 나 혼자 볼 수 있다는 건, 엄청 상관이 있는걸."
"…하?"

이솔의 동공에 내 형상이 비쳤다. 유일하게 날 볼 수 있다는 그 여자아이는 그리 달갑지만은 않았다. 몇 번 자리를 피해 봤지만, 어떻게든 귀신같이 찾아와 혼자서 말을 늘어놓거나 이름 모를 노래를 부르는 이솔에 대해서는 도저히 당해낼 수가 없었다. 그런 일이 얼마나 반복되었을까. 슬슬 한계에 다다른 나는 결국 입을 열었다.

"야."
"응?"

갸웃, 고개를 기울이며 천진난만한 척 눈을 동그랗게 뜨는 태도에 짜증이 치솟았다. 왜 자꾸 다가오는 건데? 너도 결국 내가 만났던 다른 모든 사람들과 똑같을 텐데, 그런 주제에…

"너, 왜 계속 찾아와?"
"음, 여기가 학교에서 가장 조용한 곳이거든. 그리고… 난 너에 대해서 좀 더 알고 싶어."

잠시 고민하는 듯한 표정을 지은 이솔은 이내 평소처럼 웃어 보였다. 이 세상을 모두 따스한 빛으로 물들일 만큼 밝은 웃음에 속이 울렁거렸다. …어떻게, 대체 어떻게 저런 표정을 지을 수 있어? 왜 웃는 건데? 난 지옥 같은데, 넌 세상이 좋은 거야? 왜? 도대체 왜 넌 웃고 있는 거야…?

"궁금하든 말든, 그게 나랑 무슨 상관인데?"
"…어?"
"꺼지라고. 대체 몇 번이나 말해야 되는 건데? 성가시게 굴지 마."

눈치가 없는 거야, 뭐야? 한껏 비아냥거리는 듯한 말투로 매몰차게 이솔을 밀어내고는 자리에서 일어났다. 뒤에서 하염없이 느껴지는 놀란 듯한 시선에도, 나는 눈길 한 번 주지 않았다. 그럼에도 어쩐지 마음속 한 구석이 시큰거렸던 이유는… 딱 좋은 위치에 놓여 있던 벤치가 아쉬워서, 그래서일 것이다.

그날 이후 이솔은 더 이상 나를 찾아오지 않았다. 이솔이 없는 학교는 무척이나 조용했다. 내가 바라던 대로 된 것일 텐데, 어쩐지 유독 조용하게 느껴지는 학교 때문일까. 허전하다는 느낌을 지우지 못할 것만 같았다.

◆ ◆ ◆

　금방이라도 울음을 터뜨릴 것만 같은 하늘이 우중충했다. 시끄러운 소리만 들렸다. 자동차의 경적 소리에 매미들의 시끄러운 울음소리까지, 모두가 모여 시끄럽게 구는 탓에 평소보다 한층 기분이 더러웠던 찰나였다. 매미 따위, 정말 싫어. 짜증 나는 소음들 사이로 귀에 익은 목소리가 들렸다. 며칠 동안 귓가를 떠나지 않고 계속해서 재잘거렸던 그 목소리에 나도 모르게 흠칫 뒤를 돌아보자, 그곳에는 이솔이 있었다. 당황으로 물든 눈동자가 이리저리 흔들리는 모습이 내 시야에 들어왔다. 이윽고, 이솔과 나의 눈이 마주쳤다. 나를 보지 못하는 이솔의 친구들은 나를 그대로 지나쳤다. 자리에 가만히 멈춰서 나와 시선을 맞추고 있는 이솔의 모습에, 고개를 갸웃 기울인 이솔의 친구가 이솔을 불렀다.

"솔아, 왜 그래?"

　멈춰 선 이솔을 친구가 불렀다. 이솔은 어색한 웃음을 지으며 나를 지나쳤다.

"…아, 아무것도 아니야."

　미안해… 어딘지 모르게 씁쓸한 얼굴로 밝게 웃어 보인 이솔이 나를 지나쳐 걸어갔다. 옅은 갈색 머리카락이 나의 팔을 스쳤다. 무의식중에, 나를 지나치는 이솔의 팔을 붙잡으려 손을 뻗었지만, 내 손은 그저 맥없이 이솔의 팔을 스쳐 지나갈 뿐이었다. 사아아, 소름 끼치는 감각이 손끝에서부터 전해져 왔다.

　머릿속에 지네가 기어다니는 것처럼, 뒤죽박죽 엉킨 생각들로 머릿속이 복잡했다. 항상 혼자가 되고 싶었다. 사람들을 만나는 것, 끝없이 상처받는 것이 너무나도 힘들어 늘 괴로움에 몸부림치며 매일 밤 누구라도 좋으니 나를 없애 달라 빌고 또 빌었다. …그래서, 나란 존재가 사라지면 모두 나아질 거라며 모든 책임을 나에게 돌렸다.

　드디어 나의 오랜 바람을 이뤘을 터인데, 마음 한 구석에서 이상한 감정이 들었다. 무리 동물의 본능일까. 내 손이 이솔을 그대로 지나쳤을 때, 나는 그만 한 가지 사실을 알아차리고야 말았다.

　나는 이솔이 없으면 존재하지 않게 된다. 이솔만이 나의 존재를 알고, 내게 유일하게 말을 걸어 준다. 이솔이 없다면, 나는 정말로 완벽하게, 혼자가…

　항상 바라 마지않던 것일 터인데, 그 무엇보다 간절히 바라던 것인데, 그런데 왜, 도대체 어째서? 가슴 속에 커다란 구멍이 뚫려 버려 차디찬 바람이 그 사이를 멋대로 지나다니는 것만 같았다. 이 감정에 대체 어떤 이름을 붙일 수 있을까?

　이솔이 떠나고 나만 남게 되어버린 교정이 너무나도 적막했다. 이솔이 없어도 여전히 생기 넘치는 공간일 텐데, 이곳에서 나를 의식하는 이는 단 한 사람도 없다. 나는 다시금 이 세상에 혼자 남겨지고 나서야 그 감정에 이름을 붙일 수 있게 되었다.

　외로워, 숨이 막힐 정도로.

조용한 곳에서 잠이라도 잘까 하고 찾은 장소는 어째서인지 그 벤치 위였다. 더할 나위 없이 조용한 주변에도 계속해서 머릿속을 울리는 환청에 쓰러지듯 벤치 위로 몸을 뉘였다. 사물은 이렇게나 잘 느껴지는데, 딱딱한 무언가를 만질 수 있는데, 왜 이솔은… 생각이 거기까지 미치자, 한층 더 심해진 환청이 내 안을 마구 헤집어 놓았다. 먹구름이 잔뜩 낀 어두운 하늘이 금방이라도 거센 비를 뿌릴 것만 같았다. 아, 비는 싫은데. 그런 생각을 하자마자, 아스팔트를 적시는 빗방울 소리가 들려왔다. 천천히 신관 주차장을 향해 내디딘 발걸음이 무거웠다. 비는 정말로 싫다. 비가 쏟아지던 그날, 온 집안의 살림살이를 서로에게 집어던지던 부모라는 존재들을 피해 대문 밖에서 고스란히 차가운 비를 맞았던 기억은 쉽게 잊히지 않았다.

언젠가 온다고 했던 비가 드디어 내렸다. 하나둘씩 떨어지던 빗방울은 금세 거센 빗줄기가 되었다. 비는 정말 싫다. 지금은 어차피 젖지도 않고, 춥지도 괴롭지도 않을 거라는 걸 알지만, 차마 밖으로 걸어 나갈 자신이 없었다. 주저하며 뻗은 손은 빗방울에 닿기도 전에 아래로 힘없이 추락했다. 절망감이 온몸을 집어삼키려는 듯, 나를 붙들고 놓아주질 않는 듯했다. 발목을 질척하게 붙드는 빗물이 나를 먹어치우려던 순간이었다.

"…여기서 뭐 해?"

나를 붙든 절망감 위로 드리워진 그림자에 퍼뜩 정신이 들었다. 뭘

하냐며 묻는 목소리가 무척 익숙했다. 하루 종일 내 옆에 붙어서 재잘거리던 그 목소리, 내 존재를 증명하는 유일한 목소리.

"…이솔."

멍하니 내 앞에 있는 이의 이름을 입에 담았다. 이솔, 놀랍게도 고작 두 음절로 이루어진, 고작 누군가의 이름일 뿐인 그 한 마디를 소리 내어 속삭이자, 성난 파도처럼 요동치던 마음이 잔잔하게 가라앉는 것을 느낄 수 있었다. 나도 모르게 줄곧 입 안을 맴돌고 있던 말이 입 밖으로 나왔다.

"…미안해."

그러니까, 날 떠나지 말아줘.

◆ ◆ ◆

그날 이후, 이솔은 다시 틈만 나면 나를 찾아오기 시작했다. 나는 굳이 그런 이솔을 밀어내지 않았다. 멋대로 내게 자리를 만들어가며 존재감을 키워가는 이솔에게, 나는 어느새 이리저리 휘둘리고 있었다. … 어쩌면, 이솔이 내게 조금은 특별한 존재가 된 걸까?

"유안아, 뭐 하고 있어?"

햇살 같은 미소를 지은 이솔이 살랑살랑 가벼운 걸음으로 나를 향해 걸어왔다. 따사로운 햇빛 같은 이솔의 목소리에, 나는 감았던 눈을 살며시 뜨며 몸을 일으켰다.

"유안이는 좋겠다. 수업도 안 들어도 되고, 선생님한테 꼬투리도 안 잡히고…"
"잔소리 들었다니까—" 말끝을 길게 늘인 이솔이 입을 삐죽 내밀며 툴툴거렸다. 수업 시간에 창문만 멍하니 쳐다보지 말래. 창문이 아니라 유안이를 보고 있었는데! 너무하지 않아? 파닥파닥 옷소매를 흔들며 불평하던 이솔이 가볍게 한숨을 내쉬며 내 곁에 털썩 앉았다. 그 모습이 귀여워서 푸핫, 하고 웃음이 터질 것 같았지만 겨우 참고 나는 그 말에 대답했다.
"그럼 너도 빠져."
"그게 쉬운 줄 알아? 출석 일수라는 게, 너한텐 상관없을지 몰라도 나한텐 중요하단 말이야."
"하루 정도는 괜찮지 않을까?"

나를 바라보는 이솔의 눈빛이 잘게 흔들렸다. 정말 그래도 되는 거야…? 명백히 그렇게 묻고 있는 눈빛에 다시금 웃음이 터질 것 같아 입을 꾹 다물었다. 언제부터 이렇게 웃음이 많아지게 된 걸까.

"어어, 그러니까… 만약 빠지게 되면… 뭘 해야 하지…?"

"그건 네가 정해야지. 하고 싶은 거 없어?"

잠시 고민하는 듯 고개를 기울이며 볼을 부풀리던 이솔이, 이내 결심한 듯 휙 고개를 돌려 나를 바라봤다. 그리고 활짝 웃으며 입을 열었다.

"…바다?"

그렇게 먼 장소를 말할 줄은 몰랐는데 내 표정이 잠시 멍해졌다. 그렇게 멀리 가본 적은 없는데… 하지만 기대감에 반짝이는 이솔의 눈동자를 마주한 탓일까, 나는 어쩔 수 없이 허락의 말을 뱉고 말았다.

"그래, 가자."
"정말?"

내 말에 들뜬 얼굴로 이솔은 무의식중에 내 손을 덥석 잡으려는 듯 손을 뻗었다. 하지만 예전에 내가 그랬던 것처럼, 나는 이솔의 체온을 느끼지 못한 채 그 손을 스쳐 지나가고 말았다.

"아…"

순간 당황한 기색이었지만, 이내 평소처럼 밝게 웃는 얼굴로 돌아

온 이솔은 교문을 향해 통통 뛰며 걸어가면서 나를 향해 손짓했다. 빨리 가자! 그런 이솔의 말에 나는 천천히 이솔을 따라 걸음을 옮겼다. 뛰지 마, 그러다 넘어져. 그렇게 말하며 이솔의 뒤를 따랐다. 그러다 문득, 이솔의 손이 지나간 자리가 시야에 걸렸다. …나는, 다른 아이들처럼 이솔의 부드러운 머리카락을 만지거나, 손을 잡고 체온을 느끼는 평범한 일조차 할 수 없다. 당장은 내 곁에 있어 준다 해도, 이솔은 언젠가 나를 잊고 다른 사람들과 함께 빛 속에서 살아가겠지. …그때가 되면, 나는 어떻게 될까?

울컥, 마음 깊은 곳에서부터 솟아오르는 이유 모를 울렁거림에 어쩐지 눈앞이 흐려져서는 무언가가 떨어질 것만 같았다.

이솔과 나는 학교를 몰래 빠져나와 기차역으로 향했다. 평일 오후가 막 지난 시간이라 그런지, 기차역에는 사람이 많지 않았다. 잔뜩 기대에 찬 얼굴로 가벼운 발걸음을 옮기는 이솔의 뒤에서, 기차표에 적힌 시간과 현재 시각을 번갈아 확인한 내가 입을 열었다.

"20분 정도만 기다리면 될 것 같아."
"그래?"

그렇게 답하며 이솔은 먼지가 묻은 플랫폼 의자를 부지런히 손으로 탁탁 털어내고는 나를 돌아보며 생긋 웃었다. "여기 앉아!" 너부터 앉으라고 말하려다, 그 순수한 호의로 가득 찬 얼굴에 못 이긴 척 그곳에 앉아 열차가 오기만을 기다렸다.

"와, 진짜 덥다…"

"…그럼, 저기 자판기에서 뭐라도 마셔."

"역시 그렇지?"

원하던 대답이라도 들은 듯 자리에서 벌떡 일어난 이솔이 가볍게 뛰어 자판기로 달려갔다. 그 뒷모습에서 흘러나오는 싱그러움에 한결 마음이 편안해진 탓일까, 나도 모르게 웃음이 새어나오는 걸 막을 수 없었다.

손으로 팔락팔락 부채질을 하며 내 곁에 털썩 앉은 이솔이 어느새 자판기에서 뽑아온 탄산음료 캔을 열었다. 치익— 하는 청량한 소리가 기차역에 가득 울려 퍼졌다. 그 소리에 무심코 고개를 돌리니, 탄산음료를 마시는 이솔의 어깨 너머로 역 창가에 드리워진 나뭇잎이 보였다. 햇빛에 반짝이는 나뭇잎이 품은 예쁜 녹음이 말이다. 그 풍성한 싱그러움이 마치 방금 전의 이솔을 보는 듯했다.

"유안아?"

뭘 그렇게 봐? 나도 모르게 그 광경을 멍하니 바라보고 있었던 모양인지, 이솔이 의아한 듯 고개를 기울이며 나와 시선을 맞췄다. 나는 그 눈빛에 놀라 이솔을 바라보았다. 이솔은 잠시 으으음… 하고 짧게 고민하더니, 결심한 듯 작은 주먹을 꽉 쥐고 나서 무언가를 내밀었다.

"…한 모금 마실래?"

내게 내민 손끝에 들린 탄산음료 캔을 보며 절로 웃음이 터져 나올 것 같은 입가를 꾹 참고는 사양의 말을 뱉었다. 음료수를 달라는 게 아닌데, 하여간 엉뚱하다니까…

어쩐지 이솔과 함께 있는 순간에는 그 어떤 소리도 들리지 않았다. 아무리 사람이 없다고 해도 이렇게 조용할 리가 없는데, …마치, 이 세상에 이솔과 나뿐인 것만 같았다.

◆ ◆ ◆

"아, 진짜 바다다…!"

이솔의 눈동자에 푸른빛이 일렁였다. 기차를 한참 타고 도착한 바다는 눈이 부시게 아름답게 넘실거리고 있었다. 파도에 부딪혀 사방으로 빛을 난반사하는 모습이, 마치 스테인드글라스처럼 웅장하고 투박한 아름다움을 주었다.

그 광경에 들뜬 건지, 이솔은 어린아이처럼 신발을 벗어던지고 바다를 향해 달려갔다. 막상 해변 도착해서는 움찔하더니, 이내 조심스레 한쪽 발을 담그고 금세 신이 나 뛰어다니는 이솔의 모습을 바라보며 내 입가에도 어느새 희미한 미소가 떠올랐다. 이솔이 물을 밟을 때마다 넘실거리는 파도마저도 모두 영화의 한 장면을 이루는 것만 같았다.

"유안아, 너도 얼른 들어와!"

그 완벽한 관경에, 감히 내가 끼어들어도 되는 걸까. 우습게도 그런 생각을 할 시간조차 없이 뭔가에 홀린 듯 물 속으로 들어갔다. 내 앞에 펼쳐진 바다는 정말로 아름다웠다.

한참이나 바닷가를 거닐며 뛰어노는 이솔과 어울려 해변을 돌아다녔다. 조개 껍데기를 줍거나 게를 구경하는 등의 일을 하다 보니, 어느새 그림자가 길어지고 있었다. 수평선을 주황빛으로 물들이며 지고 있는 노을을 바라본 채 바닷가를 산책하는 이솔의 뒤를 따라 나 역시 발걸음을 옮겼다.

그러는 동안, 나는 언제부턴가 편안하게 웃고 있었다. 바라본 채, 이솔과 함께하는 이 순간이 즐겁다고 느껴 버린 걸까.

"그러고 보니, 너 요즘 자주 웃는 것 같아."

이런 변화를 느낀 건 나만이 아닌 듯, 이솔은 휙 내 쪽으로 몸을 돌리며 문득 말을 걸었다. 나도 모르게 미소를 짓는 내 모습을 이솔이 알아본다는 사실에 어쩐지 마음 한 구석이 술렁였다.

언제부턴가 늘 웃고 있었다. 이솔과 있으면 자연스럽게 미소가 지어졌다. 이솔과 함께 있는 이 모든 순간이, 언젠가 내가 다시 혼자가 되더라도 그걸 버티게 해 줄 소중한 추억이 될 것 같았.

그런 내 생각을 읽어낸 듯, 이솔은 부드럽게 웃으며 입을 열었다.

"우리, 처음 만났을 때 기억나? 그때 내가 널 계속 따라다녔잖아."
"응, 기억나. 네가 계속 따라와서 귀찮았었거든."
"…그렇게까지 귀찮았어?"
"응."
"치, 그래서 언제 말을 걸어도 고갯짓 하나 안 해주고, 혼자 세상 다 산 것 같은 표정만 하고 있었어? 그래서 그런 거야?"

입술을 삐죽이며 볼을 빵빵하게 부풀린 이솔이 삐진 듯 고개를 홱 돌렸다. 그런 이솔의 모습에, 귀여운 어린아이에게 맞장구 치듯 다정한 어투로 대꾸했다.

"내가 그랬어?"
"응, 세상 다 무너진 표정 짓고 혼자 있기만 하고… 나도 많이 걱정했었단 말이야."

그래서 그랬구나. 그래서 매번 찾아오고, 말을 걸고… 내가 그렇게 힘들어 보였구나. 그땐 괜찮은 줄 알았다. 이렇게 사는 게 좋을 줄 알았다. 그런데, 너를 만나고 나서…

"그래도, 요즘은 많이 괜찮아진 것 같아. 전에는 전혀 웃지도 않고 괴로운 얼굴만 하더니, 이제는 자주 웃기도 하고… 무슨 일인지는 몰라도, 다행인 것 같아."

그건 전부 다… 내가 너를 만나고, 네가 내게 다가와 주고, 내 곁에 있어 주었기 때문인데, 하여간 바보 같기는. 픽, 편안한 숨결이 섞인 웃음을 내뱉으며 내가 입을 열었다.

"전부 네 덕분이야."

이 시간이 잊혀진다 해도, 네가 내 곁에 더는 없어진다 해도, …결국 네가 나를 잊는다 해도, 이 순간만큼은 영원히 간직하고 싶었다.
활짝 웃고 있는 이솔의 표정 뒤로, 바람에 흩날리는 머리카락을 환하게 비추는 노을빛이 단언컨대 너무나도 황홀한 광경을 자아냈다.
매일 밤 잠들기 전에, 아침이 밝아오면 내가 세상에서 사라졌으면 하고 간절히 바랐다. 하지만 잔인하게도, 어둠이 물러가면 해는 떠올랐다. 지독히도 괴로운 아침이 찾아오면, 나는 다시 살아가야만 했다. 살아가야 한다는 사실이 너무나도 버거웠다. 이 세상이, 사람들이 너무나도 미웠다. 버겁고 괴로운, 미운 것들로 가득한 세상을 계속 살아갈 용기가 없었다. 영원히 밤에 머물고 싶었다.
그랬던 나에게, 매일 어둠에 갇혀 살았던 나에게도 온기가 찾아왔다. 사랑스러운 미소를 지으며 마치 꽃망울이 피어나듯 웃는… 이솔이는, 나에게 영원히 없을 것만 같았던 빛을 주었고, 웃는 법을 잊었던 나에게 미소를 선물해주었다. 네 덕분에 나는 태어나서 처음으로 새로 밝아올 아침을 기다릴 수 있었어.
언제부터인가 잠에서 깨면 빛이 보고 싶어졌다. 뺨을 스쳐 지나가는 무더운 바람에 실려 오는 여름의 내음을 느끼고 싶었다. 너와 함께 학교에 가서, 너와 함께 수업을 듣고, 너와 함께 점심을 먹고, 주변을 산책하다가 나비를 발견해 팔랑팔랑 나비를 쫓아 뛰는 너를 따라가고 싶어. 더할 나위 없이 버겁게 느껴졌던 이 삶도, 네가 있다면…

영원히 어두울 줄만 알았던 세상이, 너로 인해 다시 밝아졌다. 미워하기만 했던 사람들 중에, 너 같은 사람이 있을지도 모른다는 기대가 생겼다.

어느덧 들기 시작한 확신에, 나는 이솔의 손을 부드럽게 맞잡았다. 두근거리며 울리는 심장이 온몸에 퍼져 감각을 전해 주었다. 피가 흐르는 감각이란 이런 거구나, 반투명하던 내 몸에 점차 혈색이 돌기 시작했다. 늘 상상 속에서만 그리던 것보다도 따스한 체온과 부드러운 이솔의 손길에, 나는 조심스레 네 이름을 입에 담았다.

"솔아."

'이솔'처럼 딱딱한 호칭이 아닌, 한결 부드러워진 호칭에 눈을 동그랗게 뜨며 고개를 돌리는 네 모습을 보고, 나는 그만 푸핫 하고 웃음을 터뜨리며 네게 말해버리고야 말았다.

"좋아해, 솔아."

나도 모르게 터져 나온 웃음이 낯설었다. 그 모습을 바라보던 이솔의 눈동자가 반짝, 빛을 내었다. 곧이어 보드라운 입꼬리가 동그란 호선을 그리며, 동그란 뺨이 선홍빛으로 물들었다. 그런 모습으로 활짝 웃는 이솔은, 더할 나위 없이 예뻤다.

　대답은, 그것만으로 충분했다. 아름다웠다.

자판기

박 정 은

어디에서든 누르면
쿵하고 떨어지는 너
그 여름의 날에
차갑게 식어 있는 네가
어디에서든 나와 주는 네가
고마울 따름이다

보이는 것, 안 보이는 것

보이지 않는 것과

보이는 것

너에겐 안 보이는 내 마음과

애써 날 무시하는 너의 행동

심장이 떨어질 듯 아프지만

누구에게도 안 보이는 내 마음과

이제는 나를 보지도 않는 너의 행동

보이지 않는 것과

보이는 것

재회

파스스슥
기분 좋은 바람맞으며

방글방글
함께 웃는 우리

서로를 꼭 껴안으며
보고 싶다고 말하는 우리

돌아간다면

보고 싶지만 볼 수 없고
함께 있고 싶지만 함께 있을 수 없다

이제서야 후회하고
이제서야 너를 생각하지만

이제 널 볼 수 없다

우리가 헤어지기 전, 그때로 돌아간다면 얼마나 좋을까
네가 지금 내 옆에 있다면 얼마나 좋을까

청춘

돌아오지 않을 지금을 위해
세상의 한 번뿐인 지금을 위해

후회하지 말자
미래를 위해

맞서 싸우자
지금을 위해

전부

네가 내 전부였다 해도
너의 전부는 내가 아니었음을

항상 울고 잡는다 해도
더 이상 잡히지 않음을

이 추운 겨울을 다시 너 없이 혼자
그 밝게 빛나던 우리는 이젠 안녕

흐르는 땀방울에도 흩어져만 가고

신하안

 거칠게 불어온 모래바람이 공사 현장 바닥을 휙 쓸고 지나갔다. 텁텁한 모래알을 입속에서 이리저리 굴리고 뱉어냈지만, 아직도 껄끄러운 느낌을 없앨 수 없었다. 고운 모래도 아닌, 꺼슬꺼슬한 흙의 느낌. 모래 언덕 위에서 지켜본 그들의 모습은 마치 개미 같았다.
 삽으로 흙을 파내며 길을 내는 개미, 어릴 때 다큐멘터리에서 본 개미굴이 떠올랐다. 개미들이 만드는 다양한 집의 모양이며, 구조들, 기능까지. 작은 개미들이 모여 기다란 굴을 만드는 모습이 왜 그리 재미있었는지 모른다. 굴 속에는 집이 있었고 가족이 있었다. 어쩌면 그 순간이 나를 이곳으로 이끌었는지도 모른다. 걱정은 잠시 묻어두고 땅을 파는 개미들… 내가 이곳에 온 것도 오래된 일은 아니다.
 모래 언덕 위에서 지켜보며,

 "그렇게 하니 땅이 파일 리가 있나, 그렇게 힘 좀 써보란 말야."
 하며 파는 시늉을 하였다. 하지만 길을 내 본 적이 없는 나로서는,

흙을 파내는 것이 어떤 것인지 알지 못했다. 거칠게 파헤쳐진 흙바닥은 온갖 나무의 뿌리가 튀어나온 배 속을 드러내고 있었다.

작업반장은 인부들에게 손짓을 하고는 장갑도 벗지 않은 채였다. 차분히 목을 가다듬고 말을 이었다.

"날도 더운데, 잠깐 쉬시죠."

곧이어 들려오는 반장의 갈라진 목소리.

"들어가세."

반장은 휴게실로 향했다. 휴게실이라더니, 더운 것은 마찬가지였다. 반장은 평상에 앉아서 반쯤 묶인 신발끈을 풀어내 다시 묶고 있었다.

"푹푹 찌는 것 같네요, 비는 안 오려나, 시원하게 비나 내리면 좋을 텐데…"

말끝을 흐리며 그 옆에 앉아 인부들을 바라보았다. 꽤 큰 키에 벽에 기대어 있는 것이 김 씨, 그들은 빛바랜 그림자에 기대어 나지막이 서로에게 말을 건넬 것이다. 잠깐의 휴식이 그들에게 남기는 것은 그것뿐이 분명하다. 스쳐 지나가는 나의 모습이라든지 말투 따위. 그때 들려오는 푸념.

"안 그래도 날이 갈수록 더워지니 어찌할 줄을 모르겠어. 갈수록 몸에서 힘은 빠지니 얼마 전엔 쓰러지는 사람도 생기고. 그렇다고 휴게실이 시원한 것도 아니야, 항상 이렇지…. 누가 신경이라도 쓰나."

끝말에 혀를 차더니, 믹스커피 하나를 내어 주었다. 그래, 여름날 도로는 항상 더웠지 하고 생각했다. 검은 아스팔트가 기도를 타고 흘러내리는 듯한 기분.

"그래도, 길은 있어야지, 안 그런가?"

그는 밖으로 나가더니 인부들을 불러 모았다. 반장이 준 믹스커피를 주머니에 넣고 주변을 둘러봤다. 흙 묻은 플라스틱 의자들과 평상은 서로를 마주 보고 놓여 있었다. 낡은 전등이었지만, 작은 창으로 들어온 햇빛이 휴게실을 밝혔다. 내다보니 인부들은 이제 그림자를 털고 별 볼일이 없다는 듯이 땅을 파내기 시작했다. 조금씩 파내고 있는 그 길이 정말 그들의 것일까? 내심 알고 있었다, 언제나 누구에게나 길은 익숙지 않은 것.

인부들의 볼품없는 모습을 돌아보았다. 낡은 장화는 모래와 자갈 사이에서 뿌리를 내리는 것만 같았다. 이미 깊게 박힌 뿌리를 눈치채면 늦은 것이다. 지반을 움켜쥐고 장화는, 긴 뿌리는 그의 발목을 잡을 것이다. 모래와 흙, 석회를 뒤집어쓴 그들의 모습을 얼룩덜룩한 위장 무늬가 흐릿하게 가려주고 있었다. 빠르게 몇 걸음을 옮겨 차로 향했다.

운전석에 앉아 있으니 뜨거운 햇살이 나를 조금씩 녹이는 것 같았다. 숨 막히는 이 더위 때문인가, 머리가 어지럽고 피곤했다. 점점 익숙해지는 듯한 이 기분, "잔-잔해진 물살을 따라 흐-르고 흘러 모-래알 사이에…." 점점 더 아파오는 머리에 중얼거림을 흐리고 시동을 걸었다.

무심코 만진 넥타이에는 모래가 묻어 있었다. 언제, 어디서 묻었는지도 모를 모래가 묻은 넥타이를 풀어헤치고 차에서 내려 다시금 공사장으로 향했다. 인부들은 오늘도 땅을 파내고 있었다. 휴게실 창밖 너머에서 아지랑이를 뚫고 들려오는 인부들의 말소리. 뜨거운 물 위에 부은 믹스커피 알갱이들은 천천히 물속으로 가라앉았다. 공사장에는 철근으로 만들어진 구조물이 사이사이에 묶여서 인부들을 떠받치고 있었다.

반장은 무더운 날씨 이야기를 하며 푸념을 늘어놓고 있었다. 반장이 말하는 것을 유심히 지켜보니 평소에 안전모를 많이 쓰고 있어서 그런지 정수리가 비어 있었다. 나이는 50대라고 했던가. 작업복을 입은 것 때문인지, 눈가에 내려앉은 그림자 때문인지 그는 자신의 얼굴을 하고 있지 않았다. 다른 인부들과 다름없이 주름이 이마를 가르고 있었고 옷깃에도 흙이 묻어 있었다. 그는 모르는 것 같았지만, 옷은 막상 성한 곳이 없었다. 찢어지고 빛바랜 옷은 제 수명을 한참 넘긴 듯 힘없이 그에게 걸쳐져 있었다. 작업복을 해지게 한 것도, 그림자가 묻은 것도 모두 따가운 모래바람 때문이라고 생각했다.

휴게실 안에 들어가 서류 작업을 하며 시공 과정 중 보았던 것을 떠올리고 있었다. 공사 환경, 안전 수칙 숙지부터 규정을 벗어난 것은 없었다. 다시금 들려오는 목소리, "아! 8월의 여름, 여름—" 짧은 고함이 점

점 푸른 하늘을 따라 퍼져나갔고, 그 메아리가 들려올 때쯤 문을 두드리는 소리가 들려왔다. 나를 부르며,

"점심 안 드세요? 배고프실 텐데…"

말끝을 흐리며 대답을 기다리는 듯한 찡그린 김 씨의 표정에 선뜻 대답할 수밖에 없었다. 그가 나를 이끌고 간 곳은 함바집이었다. 난간 왼편에는 길게 놓인 의자에 등을 기대고 커피를 마시고 있는 사람들이 보였고, 가게 안으로는 어딘가 고장난 듯 요란한 소리를 내며 커다란 선풍기가 돌고 있는 것이 보였다. 가게 옆쪽에 놓인 못 박힌 철판 위로 안전모들이 나란히 걸려 있었다. 들어서자마자 오른편 카운터에는 식단표가 기울어진 채로 걸려 있었다. 목요일, 제육볶음과 파란 나물, 두부조림과 김치, 콩나물국. 카드를 건네고 식권을 주머니에 넣은 채, 고기와 채소를 대강 집어서 자리에 앉았다.

"함바집은 처음이신가요? 뭘 그리 유심히 봐요?"
"음, 제가 고기를 좋아해서요."
"……"

작업자들이 가른 자갈 포대들이 먼지를 일으키고 있었다. 차에서 내리자마자 먼지바람이 코끝을 스쳐 지나갔다. 인부들은 이제 삽을 자갈 속에 박은 뒤 발로 밟아서 파내고 있었다. 그렇게 파낸 자갈은 도로 양

쪽에 고루고루 펼쳐졌다. 제일 아래에 쌓인 것은 제법 큰 자갈이었다. 아무래도 기초를 다지는 시공에 들어선 것 같았다. 반장이 저 멀리에 서 있는 것을 보고 다가가며 인사했다. 머리카락 사이로 목을 타고 땀이 흘러내려 흙바닥에 자국을 남겼다. 인부들의 팔은 그을려, 다닥다닥 붙어 있는 핏줄을 내보이고 있었다. 자갈을 파내며 흘린 땀은 온몸에 얼룩을 남기고 있었고, 얼굴을 붉게 달구는 듯했다.

친근하게 손을 휘저으며 김 씨에게 "덥지 않으세요?" 하고 물었다. 하지만 내심 이 살인적인 날씨에 덥지 않다는 것은 비단 초심자가 가질 수 있는 패기일 뿐만 아니라, 얼마 가지 못할 결심이었으므로 그들이 으레 대답하리라 생각했다.

"덥긴 덥지, 공사 현장이."

김 씨는 당연하다는 어투로 대답했다.

"하지만 그것도 선풍기 앞에서나 느껴지지, 안 그런가?"

삽질을 멈추고 거드는 목소리.

"막상 움직이면 더운지도 몰라. 그냥 그렇게, 서서히 익어가는 거지."

힘주어 말한 '익어간다'는 말에 모두들 웃었다. 웃음소리 뒤를 따르는 찰나의 정적 동안 문득 떠오르는 길이 무엇인지에 관한 자문. 얼떨결에 걷게 된 이 길, 맨몸으로 내동댕이쳐진 그때가 떠올랐다.

너무도 빠르게 지나쳐온 것은 아닌가, 하는 생각이 들다가도, 누군가에게 떠밀리듯 지나쳐온 그 길이 억울하게 느껴졌던 단편의 기억으로… 그러나 지금만은 넓고 큰 도로를 걷고 있는 듯한 느낌, 느낌….

비가 흘러내리는 땀처럼 추적추적 내리고 있었다. 툭툭 떨어지는 물방울은 종아리를 두드렸고, 조그만 우산 속에 가려진 내게 그것은 비를 느낄 수 있는 따가운 리듬이었다. 퉁퉁퉁 쇠기둥을 두드리는 소리와 함께 흘려내는 기이한 노래. 이미 여름의 끝인데도 매미는 비 속에서 울고 있었고, 떨어지는 빗방울에 흙이 사방으로 튀고 있었다. 흩뿌려진 빗물 위에는 가림막이 반쯤 걸쳐 있었으며, 그 아래에서 인부들은 비닐로 온몸을 둘러싼 채 자갈 위에 흙을 흩뿌리고 있었다. 비가 더 오지는 않을까, 걱정하는 눈빛. 평소처럼 믹스커피를 뜯어내, 뜨거운 물에 털어냈지만, 어디에서 물이 묻은 것인지 덩어리가 져서 잘 나오지 않았다. 어느새 빗물은 이리저리 파낸 길을 메우고 있었다. 빗방울이 떨어질 때마다 일렁이는 것이 흐릿한 흙탕물을 실감케 할 뿐이었다. 어릴 적 앙상한 나뭇가지로 끄적인 글씨를 빗물이 채웠던 거처럼.

저 멀리 모두가 모여 있는 것이 보였다. 전조등이 어둠을 가르자, 몇몇 사람들은 돌아보았고, 몇몇은 그 자리에서 눈시울을 붉히고 있었다. 다만 아직도 세찬 비가 내리는 터라, 그것이 눈물일 것이라고 짐작할 뿐이었다. 우비를 입은 사람들 사이로 김 씨의 모습이 보였다.

한 걸음 나아갈 때마다 사람들은 내 어깨를 토닥이며 돌아섰다. 세차게 내리던 빗물은 얇은 철근을 휘게 했고, 좌우로 흔들리던 구조물이 요란한 소리를 내며 김 씨를 덮고 내려앉았다, 진흙 너머로 깊이 가라앉혔다. 빠지는 순간에도 최후의 몸부림은 암적색 흙탕물에 너울을 남겼겠지. 이 모든 생각 속으로 갑자기 들어온 것은, 경광등의 붉은 조명이었다. 요란하게 사이렌을 울리던 응급차에서 사람들이 내리더니 다가와 김 씨의 어깨를 툭툭 두드렸다. 툭툭… 툭툭… 이미 흙으로 뒤덮힌 그를 구하는 것은 쉽지 않은 것. 그러고는 들것을 가져와 김 씨를 흰 천으로 덮고 옮겼다. 김 씨와 함께 구급차가 녹슨 가림벽을 돌아 사라지자, 비에 젖은 옷이 차갑게 느껴졌다. 비에 젖은 머리카락에 눈앞이 점점 희미해져만 갔다. 웅얼거리며 대화하는 듯한 소음이 들렸지만 그것도 잠시였다. 텁텁한 모래알이 빗물과 섞여 혀를 간질였고, 별안간 으슥한 이곳이 쓸쓸하게 느껴졌다. 이렇게 빠르게 스쳐 지나간 일들에 나는, 멍하게 서 있을 수밖에 없었다.

겨울맞이

신 하 안

외투를 벗고
가만히 서서
기다렸다
푸른 기운이
나를 덮어
한참을 털어내도
날릴 때까지

높은 하늘 앞에
서 있지 못하고
점점 더 깊숙히 숨는 것은
움츠려드는 것은
무엇 때문인가

나,
홀로 눈밭에 서다

누수

뚝
올려다 보니
어긋난 천장
떨어지는 그림자

불어온 바람에
눈물을 보인 것일까

뚝
내려다보니
눈가에 고인 웅덩이
무거워진 천장에
깊어지고 있었다

누수2

똑똑똑

허름한 콘크리트를
가로지르는 금에서
천천히 흐르는,
딱딱한 바닥을 적시는
뜨거운 흐느낌에

단단한 살을 파고들었을
빗살을 생각한다
나 오늘,
젖어가는 어제의
회백색 웅덩이가 되어

꿈속에서

알다가도
모를듯한
모래알의
그 까슬함
그 따뜻함

바다내음
코를 꽉 채우자
갈매기 울음
귀를 맴돌자
뱃고동 소리
머리를 흔들자

마침내,
그는
너울처럼

밀려오는 거센 파도를

받아들였다

털갈이

어느 날
내 고양이가
털이 빠지는 거야
한 움큼 과거가 내 입을 간질인다

앞으로 나아갈 때마다
흩어지는 것은
울음의 잔음

끝까지 발목을 잡는
떨어지지 못한
어제의 기억들
선풍기 바람에 날아가고

야밤의 눈물을
툭 털어낸 고양이는

그렇게,

천천히 걸어가고 있었다

나의 금요일

양 세 은

1. 끝나지 않는 금요일

"띠리링"
"철컥!"

화창한 아침, 오늘도 알람 시계를 흐린 눈으로 껐다. 그리고 급하게 핸드폰을 들었다.

"오늘도 금요일이야…"

나는 벌써 한 달째 이 금요일에 갇혀 있다. 잠을 자도 깨어나면 어김없이 6월 14일 금요일, 오전 7시 30분, 알람마저 1초도 틀리지 않는다.

"서아야! 학교 갈 준비해야지! 일어났어!?"

"가요!"

이 엄마의 잔소리도 지겹다. 화장실에 갔다. 흐트러진 긴 머리, 흐리멍덩하고 날카로운 눈. 세수를 하고 머리를 정리했다. 그리고 터벅터벅 식탁으로 걸어갔다.

"밥 먹어. 엄마는 먼저 갈게."
"네, 잘 다녀오세요."

어떻게 한 토씨도 틀리지 않을까 싶다. 아침을 먹고 느릿느릿 교복을 입었다. 그리고 집을 나섰다. 걸어가며 생각해 보니 다시금 금요일을 보내고 있는 내가 실감이 난다. 처음에는 착각했다고 생각했고, 3일째부터는 무서웠고, 1주일부터는 학교도 가지 않고 방에서 울기만 했다. 심지어 잠을 참아보기도 했다. 하지만 부질없었다. 나는 계속 잠들어버렸고 계속 금요일이었다. 지금도 간신히 내 멘탈을 붙잡고 있는 것 같다. 여러 생각을 하다 보니 학교 교문에 도착했다. 슬슬 올 것이다. 3, 2, 1…

"악! 서아야, 안녕!"
"민혁아, 안녕."
"뭐야? 너 생각보다 겁이 없네… 재미없어."

우리 반 최민혁, 워낙 장난꾸러기라 방심한 아이들을 자주 놀래키곤 한다. 물론 나는 이제 놀라지도 않는다.

나는 다시 뚜벅뚜벅 교실로 걸어갔다. 교실 앞에 서서 숨을 들이마셨다.

"드르륵"

"서아 안녕!"

"안녕, 민서야."

"오늘 기운이 없어 보이네?"

"어제 늦게 자서 그런가 봐."

"그래? 나도 어제 인스타 하느라 못 잤는데… 피곤해…"

"그러게."

"나는 한숨 자야겠어! 너도 같이 잘래?"

"나는 괜찮아. 잘 자."

나는 창문을 열고 밖을 바라보았다. 시끄러운 1학년 아이들과 3학년 선배들은 여전했다.

"서아야, 자리에 앉자…"

"네?"

"종 아까 쳤어! 밖에 좋아하는 남자애라도 있나 봐?"

"죄송합니다…"

정신 못 차리고 종소리를 못 들은 모양이다. 반 친구들의 킥킥대는 소리를 들으며 맨 왼쪽에 있는 자리로 돌아갔다.

수업 시간은 유난히 시간이 느리게 간다. 반복하면 할수록 지루해진다. 나는 이 지겨운 시간표를 한 달째 반복하는 중이다. 지루해 미칠 것 같다. 1교시 수학 시간은 항상 함수만 반복한다. 하지만 이걸 계속 듣다 보니 이제 내가 수업을 할 수 있을 지경이 됐다. 어느새 내 시선은 창문으로 향했다. 파란 하늘에 내 시선이 빼앗겼다. 이 파란 하늘을 언제까지 태평하게 볼 수 있을까?

"김서아! 너 집중 안 해?! 평소에 안 그러던 애가 오늘따라… 왜 그러니?"

"죄송합니다…"

그렇게 말하고 나서야 창문으로 향했던 시선을 바로잡았다.

지루한 수업의 끝을 알리는 종소리가 들렸다.

이렇게 수학 시간이 끝났다. 다음 시간은 과학인데, 잘 생각이다. 어차피 과학쌤은 자는 애를 굳이 깨우지 않으니까.

나는 엎드려서 서서히 눈을 감았다. 2교시 종소리도 듣지 못한 채 정신없이 잠에 들었다. 물론 3교시도 마찬가지였다.

2. 너의 금요일

"야, 서아야, 일어나!"
누군가 나를 흔들어 깨웠다.
"다음 시간 체육 이동이야!"
"깨워줘서 고마워…"
"나 먼저 간다!"

나는 운동장으로 터벅터벅 신발을 가지고 걸어갔다.
가 보니 어느새 애들은 줄을 서서 준비 운동을 하고 있었다. 선생님이 오시기 전에 뛰어서 내 번호에 가서 준비 운동을 했다.

"애들아, 준비 운동 다 했니? 오늘은 자율로 하자! 축구하고 싶은 애들은 저쪽에서 하고, 피구는 이쪽에서 하자."
"네!"
"야! 축구할 애들 모여!"

대부분의 남자애들은 축구공을 가지고 가버렸고, 여자애들은 투덜대며 피구공을 가지고 가위바위보를 했다. 오늘 따라 나는 하고 싶은 기분이 없었다. 나는 체육 선생님께 다가갔다.

"선생님, 저 배가 좀 아파요."

"진짜야?"

"네."

"그래… 좀 쉬고 많이 아프면 말하고 교무실 가라."

"네…"

나는 그늘진 벤치에 가서 앉았다. 하늘을 보기 위해 고개를 돌렸다. 어? 저게 뭐지?

한 사람의 형태가 옥상 위에 있었다. 거리가 너무 멀어서 잘은 알 수 없지만, 무언가 있는 것은 분명했다. 그런데 옥상은 잠겨 있어서 함부로 들어갈 수 없을 텐데… 뭐지?

형체를 자세히 보기 위해 벤치에서 일어나 학교로 다가갔다. 그때 옥상 위에 있는 무언가가 나를 향해 손을 흔들었다.

"저게 뭐야?"

내 눈을 믿을 수 없었다. 나는 다시 확인하기 위해 옥상을 바라봤다.

"어?"

사라졌다. 마치 내가 환각이라도 본 것처럼…

종소리와 함께 선생님의 호루라기 소리가 운동장에 퍼졌다. 정신이 번쩍 들었다.

"애들아, 모여라!"
"출석부 챙기고 점심 맛있게 먹어라."
"네!"

벌써 점심시간이 되었다. 아이들을 따라 반으로 돌아갔다. 그리고 밥을 먹으러 급식실로 줄을 서서 이동했다.

"야, 오늘 급식 뭐야?"
"콩밥."
"야, 끝나고 사 먹을래?"
"괜찮아."

급식실 아주머니는 콩이 많은 밥을 우리에게 주실 것이다.

"맛있게 먹어라."
"감사합니다."

그렇게 콩이 가득한 급식을 받고 우리 반 애들 옆으로 갔다. 그때,

"여기 앉아!"

민서였다.

"왜 여기 있어? 선생님한테 걸리면 혼나."

"괜찮아. 그리고 오늘 담임쌤도 여기 없는데."

"그래."

"너 배 아프다면서 괜찮아?"

"어, 괜찮아."

응? 말도 안 돼, 이건 지금까지 없었던 일이다. 지난 몇 주 동안 이런 적은 없었다. 나는 항상 반 애들과 함께 밥을 먹었는데, 새로운 일이었다. 느낌이 이상했다. 식은땀이 나는 기분이었다. 갇힌 금요일에서 이런 변화가 일어날 수 있는 건가? 머리가 복잡했다. 옥상에 한 번 가봐야겠다는 생각이 스쳤다.

"민서야, 나 배가 아파져서 보건실 좀 가볼게…"

"어… 어, 그래. 몸 조심해."

나는 보건실에 가는 대신 계단을 뛰어 올라가기 시작했다. 한 칸 한 칸 옥상에 가까워질 때마다 나는 점점 더 빨라졌다. 숨이 차도 멈추지 않고 달렸다. 마침내 옥상에 도착했을 때 옥상은 마치 나를 반기듯이 활짝 열려 있었다. 옥상 난간에는 어떤 남자가 서 있었다.

"안녕. 나의 금요일에 온 걸 환영해."

3. 금요일의 변화

"너는 누구야?"

"너와 같이 금요일에 갇힌 학생이야."

"정말이야? 나 말고 다른 사람도 금요일에 갇혀 있을 줄이야…"

"너 덕분에 나도 엄청 놀랐어."

"그럼 내가 금요일에 갇혀 있다는 걸 어떻게 안 거야?"

"너 기억나? 2주 전에 나랑 부딪힌 거. 금요일은 매일 똑같이 반복되잖아. 나는 너와 부딪힌 적이 없었는데 말이야. 그 때 알았어."

"그럼 고작 그걸로 나인 걸 알아본 거야?"

"아니, 그 뒤로 너를 따라다니며 조사했어. 근데 너는 날마다 다르게 움직이더라. 매일 같은 행동과 말을 반복하는 다른 사람들과 다르게."

뭐야? 무슨 스토킹 같은 걸까? 소름이 돋았다.

"언젠가 너와 함께 이야기해 보고 싶었어. 나는 2년째 이곳에 있었거든."

"그렇게나 오래?"

"응."

"그럼, 나도…"

"우리 다른 데 가서 좀 더 얘기할래?"

"좋아, 근데 너 이름이 뭐야?"

"미안, 깜빡했다. 나는 김이연이야."

"나는 김서아."

"그래, 일단 쌤들 보기 전에 가자."

나는 이연이와 함께 옥상에서 빠져나왔다. 그리고 학교 화단을 걸으며 이야기했다.

"그러니까 너는 2년째 금요일에 나처럼 갇혀 있다고?"

"그렇지, 정말 너무 지겨워."

"나는 여기 한 달 정도 금요일에 갇혀 있었어."

"그래, 그럼 너도 알지? 뭔짓을 해도 토요일로 갈 수 없다는 걸… 나도 처음에 너무 무섭고 답답해서 3개월 동안 학교도 안 가고 PC방에 가고 학교랑 집에서 난리를 쳐도 어떻게 해도 금요일이더라고…"

"그럼 우리는 평생 금요일에 갇혀 있어야 하는 거야?"

"글쎄, 평생이 아니라 영원히 이 금요일에 갇혀 있어야 할지도 몰라."

순간 머리가 조금 멍해지는 기분이었다. 한 번도 그렇게 생각해 본 적은 없었다. 죽지 못할 수도 있는 건가? 입안이 바싹 마르기 시작했다. 이연이 말했다.

"너무 충격받지 마… 처음에 나 혼자 갇혀 있었는데 너도 이 금요일에 갇히게 되었잖아. 좋은 소식은 아니지만 분명 새로운 어떤 징조 아닐까?"

"…."

"나 먼저 가볼게."

"어?… 어."

나는 빠른 걸음으로 그곳에서 나와 교실로 돌아왔다. 머리가 너무 누군가 덥석 내 어깨를 고개를 돌려보니 민서였다.

"서아야, 너 괜찮아? 안색이 안 좋은데 배도 아프다면서… 조퇴할래?"

"그래, 선생님께 가볼게."

더 이상 수업을 들을 기분이 아니었다. 나도 내 감정을 알 수 없었다. 당황스러움, 공포 아니면 두려움? 답답한 기분일까?

어느새 교무실 앞에 도착했다.

나는 마음을 가다듬고 교무실 문을 두드렸다.

"선생님, 들어갈게요."

"어, 그래. 서아구나. 무슨 일이니?"

"그게 아니라 배가 많이 아파서…"

"그래, 보건실은 갔다 왔니?"

"아니요, 갈 힘이 없어서요."
"그래, 부모님께 연락해 볼게."
"네."

선생님이 부모님과 연락하는 사이 교무실을 둘러봤다. 언제나 교무실은 진한 향수 냄새와 커피 냄새가 진한 향이 익숙해질 때 쯤, 선생님께서 나에게 다가오셨다.

"서아야?"
"네."
"부모님이 집에 가서 병원에 가보라고 하시는구나."
"네, 집에 가볼게요."

나는 교무실을 나와 학교를 빠져나왔다. 엄마에게 변명하는 것은 귀찮아지겠지만 적당히 둘러대면 될 것이다. 학교 교문을 나가려는 그때,

"집에 가?"

누군가 말을 걸었다.

"깜짝이야!"

이연이었다.

"너 학교 땡땡이 치는 거야?"
"어… 어."
"나도 같이 가자."
"아니, 나는 그냥 혼자 갈래."
"아니야, 너랑 얘기 하고 싶어."
"정말로?"
"응."

우리는 함께 길을 걸었다. 답답하고 어색한 분위기에 내가 먼저 입을 열었다.

"근데 2년 동안 금요일에 갇혀 있으면서 어떻게 지냈어?"
"그냥 학교는 가고 싶을 때 가고, 뭐 그림 같은 것도 그리면서."
"그래…"
"너무 우울해하지 마. 아까 말한 것처럼 우리 둘이 만난 건 큰 징조일지도 모르니까."
"그러면, 이 금요일에서 나갈 수 있는 실마리를 찾을 수 있을까?"
"글쎄, 나야 모르지."
"우리 말고 다른 사람도 찾을 수 있지 않을까?"
"…"

우리의 대화는 여기서 멈췄다. 이연이는 가방에서 그림 한 장을 꺼냈다.

"아까 그림 그린다고 했지. 내가 그린 그림이야."

이연이의 그림은 놀라웠다. 화가라고 해도 손색없을 정도의 수준이었다. 그림은 우리 학교를 그린 것 같았다. 그림에서 느껴지는 알 수 없는 위화감만 빼면 말이다.

"2년 전까지만 해도 그림 같은 건 졸라맨만 그릴 수 있었는데, 지금은 많이 늘었어."
"오, 진짜 멋지네. 우리 학교야?"
"맞아, 한 번 그려봤어."
"잘 그렸다."
"고마워."

시시콜콜한 이야기를 하다 보니 어느새 집 앞까지 도착했다.

"나는 이만 가볼게."
"잘 가."
"응."

집에 도착했다. 복잡했던 머리는 한결 나아졌다.
주머니에서 전화벨이 울렸다.

"여보세요?"
"어, 서아야. 배는 괜찮아? 너무 아프면 엄마가 갈까?"
"아니에요, 지금 막 집에 도착해서 가방 두고 지갑 챙겨서 병원 가는 길이에요. 배는 괜찮아요."
"그래, 다행이네. 그럼 일찍 갈 테니 죽이라도 끓여 줄게."
"네."

전화를 끊었다. 이상하리만큼 엄마는 항상 나를 믿으셨다. 그래서 그런지 엄마는 내가 무슨 말을 해도 딱히 의심하지는 않는다. 나는 그런 엄마가 좋았다. 그나저나 병원에 가서 진료라도 받아야 하나. 꾀병인 걸 알아채실까? 뭐, 어차피 내일도 금요일이고 똑같은 하루일 텐데 신경 쓸 필요 있나?

"잠이나 자자."

알람소리에 잠에서 깨어났다. 아무래도 그 상태로 자버린 모양이다. 언제나 그렇듯이 금요일.

"서아야! 학교 갈 준비해야지! 일어났어?!"

"가요!"

오늘은 조금 가벼워진 마음으로 화장실에서 씻은 후 곧바로 식탁에 앉았다.

"밥 먹어. 엄마는 먼저 갈게."
"네, 잘 다녀오세요."

오늘은 아침밥이 내키지 않는다. 학교나 가야겠다.
 교복을 입고 학교에 가는 길에 나는 지난 금요일을 생각했다. 어제 머리가 복잡했던 이유와 오늘 발걸음이 평소보다 가벼운 이유. 나는 지금 나와 똑같은 상황에 놓인 이연이를 발견했다. 그게 다였다. 어제 한 말처럼 우리의 만남이 탈출의 실마리가 될 수 있을까? 어쩌면 금요일에서 벗어날 수 있다는 희망이 생긴 건 아닐까? 나는 지금 기쁜 걸까? 모르겠다…
 어느새 학교 교문 앞. 슬슬 민혁이가 나를 놀래킬 타이밍. 3, 2, 1.

"서아야 안녕."
"민혁아?"
"뭐야? 나 이연이야."
"어?"
"그렇게 놀랐어?"

"아니야."
"그럼 다행이고, 너한테 선물 줄 게 있어."
"뭐데?"
"여기."

이연이는 내 얼굴이 담긴 종이를 내밀었다.

"우와! 고마워!"
"이제 얼굴이 펴지네."

어라? 뭐지? 생각해보니 어제도 그렇고 정말 조금이지만 변화가 있어. 분명 이연이가 아니라 민혁이가 나를 놀래킬 텐데…

"너 괜찮아? 눈에 초점이 없는데?"
"아니야, 기뻐서… 선물은 고마워."
"그래, 점심시간에 만나자."
"잠깐!"

이미 이연이는 유령이라도 본 거처럼 가버렸다…
그림을 자세히 보니 그림 속에는 잘 그려진 내가 있었다. 웃는 모습으로… 나도 덩달아 기분이 좋아졌다.

"야! 김서아! 남친이냐?"

"아! 깜짝이야! 너한테 놀란 건 오랜만이다."

"뭐야? 너한테 인사하려 했는데 쟤는 누구지?"

"너는 몰라도 돼. 빨리 축구나 하러 가!"

"어… 어, 알겠어."

나는 실내화를 갈아 신고 교실로 들어갔다. 나는 이연이가 준 그림을 다시 꺼냈다. 그림 속에 웃고 있는 내 모습에서 약간의 위화감이 느껴지기도 했다. 아무래도 어느새 나도 모르게 미소가 지어졌다. 누군가 나에게 다가와 어깨를 두드렸다.

"서아야, 안녕?"

"어! 은하구나."

"네가 그린 거야? 너 그림 잘 그린다?"

"이거 내가 그린 건 아니고…"

"학교 아니야? 우리 학교 아니야?"

"학교라니?"

그림의 뒷장에는 학교가 있었다. 아무래도 반대쪽에 그림이 있는지도 모르고 내 초상화를 그린 모양이었다. 근데 어느 학교지? 저번에 보여준 학교랑은 다른 느낌이네… 1교시 수업을 알리는 종소리가 울렸다.

"어? 나 자리로 가볼게."
"어… 어."

교실 문이 열리고 선생님이 들어오셨다.

"애들아, 안녕! 금요일 아침이다."
"안녕하세요."
"그래, 우리 19문제 83쪽 펴라."
"네."

이 학교 그림을 다시 한번 봐볼까? 나는 사물함에 손을 넣어 그림을 꺼냈다.

"김서아! 너 집중 안 해?!"
"죄송합니다…"

아, 들켰나? 나는 선생님을 보기 위해 고개를 들었다.

"어? 누구세요?"
"빨리 안 일어나?!"
"아니, 그게…"
"아침부터 매를 버는구나."

"죄송합니다."

"너 한 번만 더 눈 돌리면 그때 네 손바닥은 없어지는 거다! 알겠나?"

"죄송합니다."

뭐지, 여기는 어디야? 주변에는 내가 있던 교실과는 다른 풍경이 펼쳐져 있었다. 이 좁은 교실에 학생들만 어림잡아도 40~50명. 낡은 의자와 책상까지… 여긴 어디야?

"애들아, 정석 펴라."
"네."
"근데… 지한이는 왜 또 결석이야!?"

책상 두 번째 줄의 남자애가 말했다.

"네, 벌써 이틀 정도 안 나오는 것 같은데요."
"그놈, 아무리 철이 없다고 참…"

이 이상한 학교에서 1교시는 놀랍게도 순식간에 지나갔다.

"애들아, 숙제 해오도록 하고, 시험 멀었다고 빈둥거리지 말고, 이 시골 벗어나고 싶으면 빨리빨리 대비해라."

"네."

생각해보니 교과서도 그렇고, 아이들 머리와 검은 교복… 나는 재빨리 앞에 있는 남자애의 등을 두드려 물어봤다.

"혹시 지금 몇 년도야?"
"1983년 6월 13일. 왜?"
"아니야, 어… 깜박해서. 그리고… 학교 이름이 뭐야?"
"성화중학교… 너 우리 학교 학생 맞아?"

뭐라고? 1983년도? 나는 2024년도 학생인데, 거의 50년 가까이 되는 과거로 갑자기 가버리다니… 게다가 성화중이라니, 내가 아까까지만 해도 있던 우리 학교인데… 과거로 와버렸어? 금요일에 갇혀있던 것도 모자라서 이런 일이 벌어지다니!!

"야! 저기 선도부 지나간다."
"뭐냐? 새로운 애야?"
"그렇대. 이번에 전학 왔대."
"진짜? 나 치마 길이 괜찮아? 살짝 줄였는데…"

무슨 소리지?
처음 들어보는 종소리가 학교 안에 울렸다.

"애들아, 국어 교과서 꺼내! 니들 수업 준비 안 하니?!"
"네."

안경을 쓰고 키가 작은 신 여자 선생님이 들어오셨다. 국어 선생님인가?

"애들아, 78쪽 펴라."
"네."

진짜 뭘까, 이 상황은. 나는 80년대 수업을 듣고 있는데, 예전에 우리가 배우던 것과는 차이가 있었다. 그래서 그런지 내 귀에는 아무것도 들어오지 않았다. 그렇게 한참 멍을 때렸다. 그 후 탐구, 사회 수업이 줄줄이 있었던 것만 기억난다. 탐구 수업에는 긴 머리에 긴 치마를 입은 40대 초반쯤 되어 보이는 선생님이 들어오셨고, 사회 시간에는 40대 후반 정도 되는 중후한 남자 선생님이 들어오셨다. 물론 정신을 차려보니 점심시간이었다.

아직도 어리둥절한 느낌이 사라지지 않는다. 물론 나에게 도시락은 없었다. 아침도 굶어서 그런지 더 배가 고팠다. 그리고 오늘 점심시간에 이연이와 만나기로 했는데… 이걸 어쩌지? 이번에는 조용히 교실 구석에 있는 여자애에게 다가갔다.

"저기…"

"어! 무슨 일이야?"

"저기, 물어보고 싶은 게 있는데…"

"어… 물어봐."

"저기, 내가 지한이라는 애에 대해 알 수 있을까?"

"지한이?"

"응."

"글쎄… 그 애는 워낙 말이 없어서… 항상 수업 시간에 그림만 그려."

"그래? 혹시 어떻게 생겼어?"

"음, 단정하고 이마 위에 점이 있는 정도… 근데 너도 우리 반인데 그런 건 왜 물어봐?"

"그게…."

남자아이가 교실 문 앞에 뛰어와 말했다.

"야! 김인정, 선생님이 부르신다!"

"어… 어! 알겠어."

다행히 한숨 돌린 것 같다. 일단 이 상황을 피하는 게 좋을 거 같았다. 이연이랑 처음 만난 장소인 옥상이나 가볼까? 이연이 거기 있을 지도 몰라. 학교 옥상은 열려 있었다.

"원래 80년대에는 옥상 문을 열어두나?"

문을 열었다.

4. 그림 속 학교

"너 누구야?"

놀랍게도 단정한 머리, 이마의 점, 그리고 어제 옥상에서 본 그 남자아이… 명찰에는 '김지한'이라는 이름이 새겨져 있는 이연이가 있었다.

"너는…"
"누구야?"
"아니, 무슨…"
"나는 담배 안 피워."
"그게 아니라."
"선생님들한테는 꼰지르지 마라."
"너는 왜 여기 있어?"
"조용히 있고 싶어서."
"혹시 나 알아?"
"누군데?"

아닌가? 다른 사람인가? 머리가 또 어지러워…
그때 바람이 옥상을 휘몰아쳤고, 그 순간 종이 한 장이 날아갔다.

"잠깐만!"

지한이는 그렇게 소리치며 종이를 따라갔다. 그 종이는 옥상 밖으로 날아갔고, 지한이는 그 종이를 잡으려다 난간에 부딪혔다.

"어!"

나는 달려가 간신히 난간에 매달려 있는 지한이의 허리를 잡았다.

"야! 뭐해? 괜찮아?"
"..."
"뭐야? 죽고 싶어서 환장한 거야?"
"내 그림이…"
"그게 네 목숨보다 중요해?"
"미안…"

나는 놀란 심장을 가라앉히느라 애를 써야 했다. 우리 사이에는 알 수 없는 침묵이 흘렀다. 내 숨소리만 가득찼다. 먼저 입을 뗀 건 지한이었다.

"저기… 아까는 미안했어."
"아니야…"

"고마워."

"뭘… 근데 아까 그 종이는 뭐 때문에 그렇게 목숨까지 걸면서 잡으려고 한 거야?"

"내가 그린 거야."

"뭘?"

"학교."

"그렇구나…"

"나중에 사례는 꼭 할게."

"아니야, 필요 없어."

"…"

익숙치 않은 종소리가 어렴풋이 들렸다.

"종 쳤다."

"진짜? 나 가볼게!"

"잠깐!"

"왜?"

"나랑 같이 내 그림 찾아줘."

"뭐? 나 수업 가야…"

"너도 나처럼 수업 째는 거 아니야?"

"아니야! 그냥 바람을 쐬고 싶어서."

"난 또 담배라도 피우려고 오는 줄 알았지."

"무슨 소리야…"
"이미 늦었는데, 어차피 가봤자 욕만 먹고 손바닥이랑 종아리만 맞을 걸?"

영악한 녀석… 어쩔까? 생각해보면 뭐, 내가 다니는 학교도 아니고 같이 돌아다니면서 다시 돌아갈 방법을 찾아야 했다.

"그래."
"좋아! 일단 저기 날아간 것 같은 산 주변에 가보자!"
"알겠어."

우리는 그렇게 학교 담을 넘어 산 근처를 같이 걸으며 그림을 찾기 시작했다. 역시 침묵을 깬 건 지한이었다.

"너 이름이 뭐야? 난 김지한. 넌 명찰도 없네? 안 걸렸냐?"
"나는 김서아야."
"서아."
"왜?"
"아니야."
"근데 너 그림 그리는 거 좋아해?"
"조금… 아니, 사실 좋아해."
"정말?"

"그래서 화가가 되고 싶어."

"그렇구나."

"응."

"근데 부모님이 허락해 주셔?"

화가가 되는 건 2024년에도 허락받기 쉽지 않은 직업인데, 80년대라면…

"난 부모님 없어…"

"정말 미안해."

"나는 고모네 집에서 살아."

"….."

"그래서 딱히 별 말씀 안 하셔."

다시 어색한 침묵이 우리를 감쌀 때, 우리는 아주 다행히 바닥에 떨어져 있는 그림을 발견했다.

"찾았다!"

"찾았네. 뭘 그린 거야."

나는 그 종이에 다가가 그림을 살펴봤다. 그림에는…

"내가 우리 학교 그린 거야?"

그림에는 어딘가 익숙한 학교가 그려져 있었다.

"뭐야?"

그 순간 머리가 하얘졌다. 정신을 차려보니…

"괜찮니?"

나는 다시 학교 보건실에 누워 있었다. 머리가 어지럽고 비몽사몽했다.

"지금 몇 년도에요?"
"2024년. 너 병원 가볼래?"
"아니에요, 괜찮아요… 저 언제부터 여기에 있었어요?"
"글쎄, 지금 5교시야."
"5교시요?"
"그래. 너 어제 잠을 안 잤니? 친구가 너 쓰러졌다고 해서 보건실에 데려왔는데, 알고 보니 그냥 자고 있었어."
"그럼 왜 아무도 저를 안 깨운 건가요?"
"아니, 너가 뭘 해도 안 일어나서…"

"아… 네."

"지금이라도 수업에 들어갈래?"

"네, 그럴게요."

"그래, 담임 선생님께 이야기할게."

"네, 감사합니다."

뭘까? 내가 꿈을 꾼 걸까? 하지만… 나는 교실로 가기 위해 계단을 올라갔다. 근데 어?

"이게 뭐지?"

내 주머니에 뭔가 있었다. 주머니에 손을 넣자, 접혀 있는 종이 한 장이 있었다. 뭐지? 이연이가 그려준 초상화인가? 아니야… 이건 꿈속에서 봤던 우리 학교… 이게 왜 내 주머니에? 깜짝 놀라서 종이를 떨어뜨릴 뻔했다.

꿈이 아니었던 거야?

나는 설마 하는 마음에 꿈속에서 이 그림을 주운 지한이라는 애와 함께 있었던 곳으로 뛰어갔다. 숨이 찼다. 하지만 그곳에는 아무도 없었다.

"그럼 내가 진짜 과거에 잠깐 갔다 온 것뿐이라는 거야?"

진짜로 내가 금요일에 갇힌 후로부터 시공간이 비틀어지고 있는 걸까? 말도 안 되는 일이 줄줄이 이어지고 있다.

"서아?"

누군가 내 이름을 불렀다. 뒤를 돌아보니 이연이가 서 있었다.

"이연아!"
"야, 너 괜찮아? 쓰러졌다며?"
"응, 괜찮아."
"다행이네."
"근데 너는 왜 여기 있어?"
"나야 뭐, 수업 빼는 것도 한두 번도 아니고, 그리고 어차피 내일이면…"
"또 금요일…"
"너도 땡땡이야?"
"뭐…"
"그럼 따라와. 너에게 보여주고 싶은 것이 있어."

이연이는 내 팔을 잡고 학교 구석으로 데려갔다.

"여긴 어디야?"

"여긴 비밀장소."

정말로 우리 학교의 자랑이라고 불리는 큰 벚꽃나무 뒤에는 건물 사이에 있는 빈틈 같은 공간이 있었다. 아무래도 나무와 그 공간을 막고 있는 덤불 때문인지 그 누구도 알아채지 못한 모양이었다. 애초에 워낙 학교 구석에 있으니… 그 안은 생각했던 것보다 넓었다. 어림잡아 내 방의 반 정도 하는 크기였다.

"여긴 내가 학교 땡땡이 칠 때마다 숨어있는 장소야! 주로 여기서 그림이나 그리면서 시간을 때우지 뭐…"
"그럼 그냥 학교를 안 오거나 탈출하면 되지 않아?"
"음… 학교를 빠지면 담임한테 전화도 오고 귀찮아져. 그렇다고 학교를 중간에 탈출하는 건 경비 아저씨 때문에 더 어렵지… 무엇보다 너랑 이야기하고 싶어서."
"그렇구나… 생각해 줘서 고마워."

나는 이연이의 비밀장소를 둘러보았다. 그곳에는 그림이 널려 있었다.

"잘 그린다."

나도 모르게 감탄사가 나왔다. 오랫동안 그림에 대해 연구한 흔적이

곳곳에 남겨져 있었다.

"고마워…"

이연이의 얼굴은 칭찬을 들어서 그런지 쑥스러운 듯 귀가 빨개졌다.

"2년 동안 이렇게 그릴 수 있다니…"
"워낙 학교를 많이 빼먹어서 그런가 봐."
"저기, 물어보고 싶은 게 있는데?"
"뭔데?"

나는 2년이나 이곳에 갇혀 있었던 이연이에게도 과거로 간 이야기와 이연이와 똑같이 생긴 지한이에 대해 물어보고 싶어졌다.

"혹시 너는 이곳에 있으면서 뭔가 이상해진 적 있어?"
"뭐가?"
"예를 들어 학교가 갑자기 시간이 과거로 간다든지…"
"뭔 소리야? 쓰러질 때 꿈이라도 꾼 거야?"
"그런가 봐…"
"뭐, 그림 구경이나 해볼래?"
"ㄱ… 그래."

이연이는 정말 모르는 눈치였다. 나는 이연이의 그림을 구경했다. 정말 많은 그림을 그렸다. 나무부터 꽃, 우리 학교에 있는 거의 모든 것을 그린 것 같았다.

다시 익숙한 종소리가 들렸다.

어? 벌써 5교시 수업이 끝난 모양이었다. 그나저나 수업에 들어가지 않았으니 집에 가면 엄마가 알고 엄청 혼낼 것이다… 아니야! 어차피 내일도 금요일인데… 나는 걱정을 내려 놓기로 했다.

"서아야."

"응, 왜?"

"너는 이 끝나지 않는 금요일에서 벗어나고 싶어?"

"그렇지… 나는 친구들이랑 가족들이 그리워."

"그렇구나… 나는 그저 그래… 오래 있어서 그런가 혼자 그림 그리는 게 더 편해."

"그런데 이 시간 속에만 갇혀 있으면 넓은 세상을 볼 수 없을 거야."

"굳이 넓은 세상을 볼 필요가 있어?"

"하지만 넓은 세상이 우리가 살아가는 세상이니까… 그리고 매일 그림을 그리다 보면 언젠가 그릴 대상이 사라질지도 몰라. 나랑 같이 이 금요일을 빠져나가면 너는 넓은 세상을 보고 평생 끊임없이 넓은 세상을 그릴 수 있을 거야."

"그렇구나…"

"너 그림을 정말 많이 그리잖아. 나중에 그림 구경 또 시켜줘."

"그래!"

우리는 그렇게 한참 이야기했다. 그리고 이연이에 대해 이런저런 이야기를 듣게 되었다. 부모님이 돌아가셔서 할머니와 산다는 것, 그리고 요새는 풍경이나 사물보다 초상화를 더 그리고 있다는 것… 그런 시시콜콜한 이야기를 하다 보니 학교는 어느새 끝나고 학교 교문은 다시 시끌벅적해졌다.

"이연아, 슬슬 가봐야 하지 않을까?"
"좀만 기다려. 곧 경비 아저씨도 자리 비우고 선생님들 대부분도 퇴근하시니까."
"그래… 역시 2년 갇혀 있어서 그런가 다르네."
"그렇지?"

우리는 이런저런 수다를 다시 떨며 선생님들이 퇴근하기만을 손꼽아 기다렸다.

"선생님들 다 가신 것 같은데?"
"그래, 가자!"
"근데 이연아, 너는 어디서 살아?"
"그냥 저기 학교 뒤 아파트에서 살아."
"그렇구나."

"그럼 먼저 가."

"같이 안 가?"

"나는 두고 온 게 있어서."

"그래, 내일 보자."

나는 왠지 모를 아쉬운 마음을 안고 집으로 갔다. 꿈속에서 봤던 지한이와 그 학교는 도대체 뭐였을까? 이연이를 만난 후로 새로운 일이 많이 생기는 것 같다. 정말로 이 금요일을 벗어날 수 있다는 기분이 들었다. 어쩌면 정말로… 이 쳇바퀴 같은 세상에서 벗어날 수 있지 않을까?

어느새 집에 도착했다. 물론 집에 돌아와서 엄마한테 혼나긴 했지만, 다시는 그러지 않겠다는 약속을 하고 나는 새로운 금요일을 마주하기 위해 잠에 들었다.

"띠리링"

"철컥!"

나는 힘들게 눈을 떴다.

"서아야! 학교 갈 준비해야지. 일어났어?"

"가요."

나는 오늘도 금요일을 맞으며 조금은 더 가벼워진 몸을 이끌고 학교 갈 준비를 했다. 오늘은 엄마보다 더 빨리 준비하고 학교에 갔다. 엄마도 평소와 다른 내 모습에 조금 놀란 듯했다. 등교하는 길, 빨리 나와서 그런지 등교하는 학생들이 별로 없었다. 아니네? 어? 민서?

"민서야."
"서아구나."
"너 지금 등교해?"
"응, 원래 빨리 등교해."
"빨리 가서 뭐 해?"
"그냥 뭐 할 게 이래저래 많아서⋯ 오늘은 늦게까지 못 자서 잘려고."

역시 내가 아는 금요일의 민서는 늦게 자고 학교에서 자는 아이다. 아침에 보니 민서의 다크서클이 더 도드라져 보인다.

"너야말로 빨리 나왔네."
"응, 그냥 오늘따라 일찍 나오고 싶어져서."
"그래, 같이 가자."

우리는 많은 이야기를 나눴다. 솔직히 민서와 친한 건 맞지만 이렇게 오래 이야기한 금요일은 처음인 것 같다. 우리는 학교에 도착했다.

교실에 도착해 생각해보니 민혁이를 만나지 않는 것이 생각났다. 민서는 교실에 들어오자마자 엎드려 잠을 잤다. 나도 내 자리에 앉아 멍하니 있었다. 책이라도 보려고 서랍에 손을 넣었다.

"어?"

사물함에서 구겨진 종이 한 장이 들어있었다. 내 초상화! 아무래도 잊고 있었던 것 같다. 나는 교과서에 눌려 구겨져 있던 내 초상화를 꺼냈다. 종이를 펴자 내 초상화 뒤편에 우리 학교 그림이 있었다. 이 그림, 어디서 많이 본 것 같은데… 생각해보니 내가 이상한 꿈 같은 걸 봤을 때가… 나는 교복 주머니에서 지한이가 그린 학교 그림을 꺼냈다.

"뭐야?"

피가 식는 기분이었다. 똑같아… 이게 뭐지? 그림을 자세히 보니 이연이가 그린 학교 그림에는 아주 작은 글씨로 이렇게 쓰여 있었다. 1983.6.13. 김지한

"김지한…"

이게 무슨 뜻일까? 왜 이연이가 그린 그림에 지한이 이름이 있을까? 순간 머리가 멍해지면서 눈앞이 하얘지는 기분이 당황스러움과 배

신이 몰려들었다.

5. 마지막 금요일

"저기, 괜찮아?"

누군가 나의 등을 치며 깨우는 소리에 일어났다.

"어… 괜찮아."
"아무리 깨워도 안 일어나길래 난 또 엎드려서 쓰러진 줄 알았어."

나는 고개를 들어 나를 깨운 아이를 바라봤다.

"뭐야?"

검은 교복, 짧은 머리, 단정한 용모.

"왜 그래?"
"지금 몇 년도야?"
"1983년. 너 악몽이라도 꾼 거야?"
"아니야, 알려줘서 고마워."

나는 그림을 쥐고 옥상을 향해 뛰어갔다. 지한이를 만나보고 싶었다. 옥상에 지한이가 있을지는 모르겠지만, 그래도 우리가 처음 만난 곳이라면 있을지도 몰라… 나는 계단을 뛰어 올라 옥상에 도착했다. 문을 열고 옥상에 한 발짝 다가간 순간 바람이 불었다. 그리고 그곳에는…

"지한아!"
"어? 안녕."
"너…"
"너 저번에 갑자기 쓰러져서 깜짝 놀랐어."
"지한아! 이거 너가 그린 거야?"

나는 이연이가 그린 학교 그림을 보여줬다.

"응, 맞아. 너가 가지고 있었구나… 나도 보여줄 게 있어. 받아."
"어?"

지한이가 건네준 것은 나의 초상화였다. 미묘하게 달랐지만, 같은 사람이 그렸다고 부정할 수 없는 초상화

"이거…"
"너한테 전해주고 싶었어."
"…아니지."

"뭐가?"
"너 지한이 아니지?"
"무슨 소리야."
"그럴 리가 없어…"

그 순간 강하게 불던 바람은 더 강하게 불어왔고, 힘없는 내 손에 있던 초상화는 바람에 날아갔다. 아주 멀리…

"안 돼!"

지한이는 또다시 그림을 잡으려고 이번에는 막을 수 없었다. 그러다가 난간에 다다르자 오래된 난간이 한 순간에 부서져 버렸다.

"지한아!"

나는 다리에 힘이 풀렸다. 정신이 팔려 아무것도 할 수 없었다. 숨이 차올랐다. 비명소리가 들렸다. 그날, 1983년의 성화중학교는 발칵 뒤집혔다. 그 후로는 기억이 없다. 사이렌 소리? 정신을 차릴 수 없었다. 그냥 그렇게 쓰러진 것 같다.
눈을 떠보니…

"여기 어디에요?"

"병원."

"누구세요?"

"네 선생님."

"몇 년도에요?"

"1983년도."

아직도…

"어떻게 된 거예요?"

"지한이…"

"지한이 괜찮아요?"

"…"

"선생님?"

선생님은 아무 말도 하지 않고 그대로 어디론가 가버리셨다. 나는 그게 무슨 뜻인지 알 수 있었다. 한참을 허공을 바라보다 보니 어떤 낯선 아저씨 한 분이 왔다.

"누구세요?"

"경찰."

아무래도 나를 조사하러 온 건가?

"너무 긴장하지 마. 나는 딱히 너를 의심하지 않으니까."

그렇게 말하곤 경찰 아저씨는 말을 이어갔다.

"너를 의심하는 사람이 없는 건 아니지만, 그렇다고 네가 그 애를 죽였다는 증거도 없으니… 게다가 친하거나 서로 싸우지도 않았고, 무엇보다 그 애가 혼자 어떤 물건을 잡으려다가 떨어졌다는 증언도 받았거든."

"…."

"충격이 큰 모양이네. 그래도 나중에 조사에는 응해 줬으면 해."

경찰 아저씨는 그렇게 무신경하게 가버렸다. 나는 내 팔에 있는 링거를 빼고 밖으로 나갔다. 그래야만 할 것 같았다. 아니 찾고 싶었다. 그 그림을 다시 찾아야 할 것만 같았다. 나는 길도 모르는 곳에서 성화중학교를 무작정 찾기 위해 달렸다. 눈에 보이는 아무 사람이나 붙잡고 물어봤다.

"저기, 혹시 성화중학교가 어디예요?"
"여기서 가까울 걸. 저쪽에서 오른쪽으로 쭉 가면 나올 거야."
"감사합니다."

나는 곧장 뒤도 돌아보지 않고 뛰었다. 숨이 차도 쉬지 않았다. 학교에 도착했고, 학교 근처를 뒤졌다. 한참을 그림 찾기에 열중했다. 시간이 흐를수록 불안해졌다. 눈물이 날 것 같았다. 이미 눈물은 흐르고 있었고, 저녁 노을이 반짝였다.

"어, 저기!"

다행히 그림을 찾을 수 있었다. 바로 큰 벚꽃나무 앞에 있었다. 설마? 나는 이연이가 알려줬던 비밀 장소가 떠올랐다. 그림을 챙겨 비밀 장소에 들어갔다. 그곳에는 많은 그림이 있었다. 화가가 되겠다는 희망을 품고 빼곡히 채운 그림들이…

눈물이 흘렀다. 이제서야 지한이의 그림을 살펴봤다. 그 속에 나는 역시 웃고 있다. 다시 머리가 멍해지고 머릿속이 하얘졌다.

"환자분, 환자분, 정신 좀 드세요?"
"네? 여기가 어디예요?"
"네, 매화 병원입니다."

저 멀리 달력이 보였다. 2024년. 나는 다시 링거를 뽑고 달렸다.

"환자분?"

길은 알고 있다. 이미 한 번 갔던 곳이니 나는 전속력을 다해 학교에 도착했다. 그 후 계단을 최선을 다해 뛰어올랐다. 어느새 노을이 지고 달이 떠오르고 있었다. 벌컥 문을 열고… 다시 한 발짝 나섰다.

"서아야, 안녕."

"지한아…"

"이미 알게 됐구나."

"어떻게 된 거야?"

"운명의 장난이지 않을까? 너를 다시 만나서 꼭 전해주고 싶었어."

나의 주머니에는 그림 한 장이 있었다. 과거에 지한이가 그려준 초상화.

"나의 소원이 이런 식으로 이루어질 줄은 몰랐어. 내 소원이 너를 이 금요일에 가두게 했어. 그냥… 나는 더 이상 이곳을 벗어날 수 없으니까. 미안해."

"나도 미안해… 네가 죽은 건 내 탓이야."

"아니야… 네가 알기 전에 더 빨리 알려줘야 했었어. 하지만 네가 과거로 가지 않았더라면 우리의 만남도 없었겠지."

"다 알고 있었어?"

"물론이지. 이 시간 자체가 내가 만든 세계니까."

지한이는 아무 말 없이 미소 지을 뿐이었다. 그와 달리 내 눈에는 눈물만이 흘렀다.

"너와 다시 한 번 만나고 싶었어. 내 욕심 때문에 네가 힘들어하는 걸 신경 쓰지 않았어."

"똑같은 금요일을 매일 보내면서 우리의 시간이 얼마나 중요한지 깨달았어. 나도 너와 함께 지내고 노는 시간이 즐거웠어. 정말로… 그러니까 나랑 같이 빠져나가자."

노을이 아름답게 옥상을 비췄다.

"나는 그럴 수 없어. 이미 오래전에 죽었고, 내 소원을 이루는 대신 이곳에 남는 것을 선택했으니까."
"제발, 취소할 수는 없는 거야?"
"너와 함께한 시간들은 정말 소중했어. 다시는 올 수 없는 그런 시간들을 너도 소중히 해줘…"

어느새 달빛이 우리를 환하게 비추고 마침내 정각이 다가왔다.

"서아야, 마지막 금요일을 축하해."

도피

이용원

　15년 전, 한적한 시골 마을에서 유준서라는 중년의 약사가 약국을 운영하고 있었다. 준서는 성실하고 친절한 약사로 알려져 있었지만, 그가 진정으로 갈망했던 것은 단순한 약국 운영을 넘어선 새로운 신약의 개발이었다. 그는 밤낮으로 실험실에 틀어박혀 연구에 몰두하며, 자신의 이름을 세상에 알릴 기회를 꿈꾸고 있었다.

　어느 날, 준서는 실험 도중 예상치 못한 결과를 얻게 되었다. 새로운 약이 사람의 꿈을 완벽하게 조종할 수 있게 해준다는 사실을 발견한 것이다. 이 약을 복용하면 꿈속에서 무슨 일이든지 마음대로 할 수 있었고, 원하는 모든 것을 얻을 수 있었다. 준서는 이 약을 병이 들 정도로 신기한 약이라 하여 '병신'이라 이름 붙였다.

　처음에 준서는 이 약을 단지 자신의 실험을 위해 사용했지만, 점점 그 힘에 매료되기 시작했다. 꿈속에서 그는 현실에서는 이룰 수 없던 모든 것을 이뤘다. 그는 부자가 되었고, 권력을 쥐었으며, 모든 사람이 그를 존경하는 세계를 창조했다. 그러나 이러한 가상 세계는 단지 그의 욕망을 채우기 위한 도구일 뿐, 현실에서는 아무것도 변하지 않았다.

하지만 준서는 현실의 고단함을 잊기 위해 점점 더 자주 이 약에 의존하게 되었다. 그는 약을 통해 얻은 환상 속에서만 행복을 느꼈고, 이내 현실과 꿈의 경계가 희미해져 갔다. 그런 그에게 더 큰 욕망이 찾아왔다. 이 약을 판매하여 부와 명예를 손에 넣고자 하는 욕심이 생긴 것이다.

마을 사람들도 '병신'의 소문을 듣고 호기심을 갖게 되었다. 그들은 꿈속에서라도 자신의 욕망을 충족하고 싶어 했고, 준서는 그런 사람들에게 약을 팔기 시작했다. 처음에는 단지 호기심이었지만, 점점 더 많은 사람이 이 약에 중독되기 시작했다. 현실에서 이룰 수 없는 꿈을 이루기 위해 그들은 더 강한 약을 원했다.

이런 상황 속에서 상인 이용원은 준서의 약국을 찾아왔다. 용원은 언제나 더 많은 부와 권력을 갈망하는 사람이었고, 준서의 약이 그런 자신의 욕망을 채워줄 것이라고 확신했다. 그는 준서에게 물었다.

"준서님, 이 약이 정말로 내가 원하는 모든 것을 꿈속에서 이룰 수 있게 해준다는 겁니까?"

준서는 용원의 눈빛에서 그의 욕망을 읽어내고 미소 지으며 답했다.

"그렇습니다, 용원 씨. 이 약을 복용하면 꿈속에서 당신이 원하는 모든 것을 손에 넣을 수 있습니다."

용원은 주저하지 않고 약을 구매했다. 그는 그날 밤, '병신'을 복용하고 자신이 꿈꾸던 부와 권력을 손에 넣었다. 꿈속에서 그는 세상의 모든 부를 차지했고, 그 누구도 그를 막을 수 없었다. 그러나 용원은 점점 더 이 약에 의존하게 되었고, 현실에서의 삶은 무의미해졌다.

준서 역시 더 많은 돈과 권력을 손에 넣기 위해 약을 팔았다. 그는 자신의 욕망을 충족시키기 위해 약국을 확장하고, 더 많은 사람에게 약을 판매했다. 사람들은 그의 약을 통해 잠시 동안 행복을 느꼈지만, 그들의 삶은 점점 파괴되어 갔다. 그들은 꿈속에서 살면서 현실의 삶을 망각했고, 결국 현실과 꿈의 경계가 무너져 갔다.

어느 날, 준서는 자신이 만든 약이 사람들을 파멸로 이끌고 있음을 깨닫게 되었다. 그러나 이미 늦었다는 것을 알았다. 마을 사람들은 '병신' 없이는 살 수 없게 되었고, 현실에서의 삶은 무너져버렸다. 그들은 점점 더 많은 약을 원했고, 그들의 탐욕은 한계를 모르고 커져만 갔다.

하지만 준서는 이미 돌이킬 수 없는 지경에 이르렀다. 그는 자신의 잘못을 인정하고 약을 폐기하려 했으나, 이용원은 그를 가로막았다. 용원은 약에 깊이 중독되어 있었고, 약을 더 이상 공급하지 않겠다는 준서의 결정을 받아들일 수 없었다.

"준서님, 더 만들어주세요. 제발, 제발, 제발…"

용원은 간절하게 준서에게 애원했다. 준서는 고개를 저으며 말했다.

"이 약이 사람들을 죽게 만들고 있어요."

그러나 용원은 순간 분노에 차 준서를 밀쳐냈다.

"네 행동이 나를 죽게 하고 있어!"

준서는 용원의 눈에 가득 찬 절박함과 탐욕을 보며, 자신이 얼마나 잘못된 길을 걸었는지 자각했다.

마지막으로 준서는 남은 '병신'을 모두 모아 폐기하려 했지만, 이미 자신의 의지도 무너진 상태였다. 그는 자신의 희망을 만들고, 희망을 없앤 마지막 '병신' 한 알을 먹었다. 그의 꿈속에서 그는 다시금 모든 것을 손에 넣었지만, 그것은 상상에 불과했다. 준서는 꿈속에서 자신이 만든 파괴적인 결과를 목격했다. 마을 사람들은 모두 자신의 욕망에 사로잡혀 미쳐가고 있었고, 그들의 삶은 황폐해졌다. 용원조차 더 이상 사람이라고 부를 수 없을 정도로 망가져 있었다.

준서는 이 모든 것이 자신의 탐욕 때문임을 깨달았지만, 이미 늦어버렸다. 그는 꿈속에서 탈출할 수 없었고, 현실로 돌아갈 길도 없었다. 그는 절망에 빠져 그 꿈속에서 영원히 갇히고 말았다. '병신'을 통해 얻은 모든 부와 명예는 결국 허상에 불과했고, 그로 인해 마을 사람들 역시 자신의 탐욕에 갇혀 망가져 갔다. 현실에서의 삶은 사라지고, 그들의 영혼은 꿈속에 갇힌 채 끝없는 고통 속에 빠져들었다.

준서의 약국은 시간이 지나 폐허가 되었다. 마을은 점차 잊혀졌고, 그곳을 찾아오는 사람도 없었다. 그러나 그곳에 남아 있는 '병이 들 만큼 신기한 약'이라 불리던 '병신' 한 알은 여전히 누군가의 인생을 빼앗을 준비가 되어 있었다.

호랑시해전

이 채 원

1일

삶의 기억이 시작될 때부터 활을 잡아 온 나는 친우들과 사냥을 다닌 지 어언 8년. 까치 한 마리를 잡고 좋아하던 아이는 집채만 한 멧돼지를 예사롭게 잡아낼 정도로 성장했다.

오늘도 나는 친구들과 사냥을 나가 멧돼지 한 마리를 잡았다. 우리는 그 시체를 둘러메고 동이 아주머니께 가져다드렸다.

"아이고, 고맙구나. 이거면 온 마을이 며칠을 먹겠네."

아주머니는 금덩이를 받은 듯 매우 만족스러운 표정을 지으셨다. 잠시 기다리라고 말씀하시며 부엌으로 들어가셨다.

잠시 후, 아주머니는 고깃덩이를 건네며 말했다.
"너희들 몫으로 남겨두었단다. 적지만 이런 것이라도 있어야 사냥할 맛이 나지 않겠니?"

"어휴, 그러지 않으셔도 되는데… 매번 감사합니다."

티 내지 않으려 해도 입가가 슬그머니 올라갔다. 다행히 내 옆에서 더 해죽이는 친구가 있어 민망하지는 않았다.

"하야야, 쉿. 이건 우리끼리만 몰래 먹어야 해!"

내 말에 하야는 "합!"하고 작은 손으로 입을 막았다. 하지만 두 손으로 행복을 다 가리기에는 벅찼는지, 눈꼬리가 잔뜩 휘어 있었다.
다섯이서 사이좋게 고기를 나눠 먹은 후, 나는 하야와 함께 집으로 향했다. 하야는 마구 뛰어가다가 문득 멈춰 서서 바닥을 빤히 바라보았다. 옆으로 다가가 하야와 나란히 서 보니, 샛노란 꽃 한 송이가 피어 있었다.

"오라버니, 진짜 예쁜 꽃이다. 그렇지?"

하야가 웃으며 말했다. 나는 그렇다며 맞장구를 쳐주었다. 꽃을 꺾어 하야의 머리에 꽂아주자, 하야는 햇살을 머금은 듯 환하게 웃었다.

2일

우수수 내리는 비의 요란함에 눈을 떴다. 뿌연 하늘 때문에 지금이 몇 시인지 알 수가 없다. 이 눅눅한 소란 속에서 온전히 잠을 자지 못했는지 온몸이 무겁다. 나도 모르게 눈이 자꾸 감긴다.

이대로 잠이 들려던 찰나, 생경한 광경이 눈길을 끌었다. 평소대로 나갈 채비를 하는 아버지의 곁에 하야도 서 있는 것이었다.

"하야야, 비 오면 사냥 안 한단다. 얼른 와서 누워라."
"나도 알아. 사냥 가는 거 아니고, 그냥 아부지 일터에 따라가는 건데."

나는 문틈 사이로 힐끔 바깥을 쳐다보았다. 비가 좍좍 내리꽂는다. 하야랑 같이 갈 만한 날씨는 아닌 것 같은데.
나는 시선을 돌려 아버지를 보았다.

"아버지, 장사하는데 하야는 왜 데려가세요?"
"오늘은 비가 와서 애는 할 일도 없을 거 아니냐. 지도 따라간다니까 데려가는 거지."
"지금 비가 억수같이 쏟아지는데 하야랑요? 그러지 마시고 차라리 오늘은 쉬세요."

아버지는 탐탁지 않은 듯 미간을 살짝 찌푸리셨다.

"무슨, 비 좀 졸졸댄다고 장사를 쉬라니? 날 궂을 때마다 쉬면 입에 풀칠도 못 한다."

"다리에 물이 차서 가려면 산길로 빙 돌아가야 할 겁니다. 진흙에 미끄러지기라도 하면…"

"그 정도 수고야 늘상 있는 일이다. 잠도 덜 깬 놈이, 그런 말 할 거면 잠이나 자거라."

그 말을 끝으로 아버지는 하야의 손을 잡고 나갔다. 따라 나가 붙잡을까 망설여지기도 했지만, 몸이 천근만근이라 관둘 수밖에 없었다. 풀썩 몸을 눕히니 가슬가슬한 이불도 달갑기만 하다. 나는 눈을 감았는지도 모르게 순식간에 잠에 빠져들었다.

가뿐한 몸으로 일어나니 비는 벌써 거의 그쳐 부슬거리고 있었다.

'아직 안 온 건가?'

날도 흐린데 좀 일찍 오시면 좋으련만. 젖은 길을 떠난 둘을 기다리려니 매 순간이 한세월이다. 문을 뚫어져라 노려보는데 문 앞을 알짱거리는 인형이 보였다. 문 밖에서 보슬비에 가려진 약방 냄새가 옅게 맡아진다. 낙호인가 보다. 들어오지 않고 무얼 하는 건지 모르겠다.

나는 문을 확 열어젖혔다. 당황한 기색이 역력한 낙호의 얼굴이 비쳤다. 무어라 하기 전에 낙호가 먼저 운을 뗐다.

"야, 너 괜찮냐?"
"뭐가?"

내가 되묻자 낙호는 어쩔 줄 몰라 하다가 우물쭈물 말했다.

"아니, 하야가 호랑이한테 죽었다며… 네 아버지도 우리 의원에 있어."

3일

흐르는 꿈결 속에 흐릿하고도 분명하게, 꽃 한 송이가 보였다. 얼마 전, 하야에게 꽂아주었던 꽃이었다. 꽃은 제 임자를 잃고 검게 얼룩져 있었다. 말라 가고 있었다.

4일

나는 해가 중천을 넘어섰을 때 느지막이 일어났다. 그러나 일어난 보람도 없이 벽에 기대앉아 한참을 멍하니 있었다. 평소답지 않게 마을이 요란해 가만히 있어도 머리가 울렸다.

어느새 하늘이 붉어지고 제 집을 찾는 사람들의 발소리가 들려왔다. 그런데 어째서인지 내가 있는 곳으로 누군가 오고 있었다. 그는 아주 가까이 와서 말했다.

"메한이 여기 있느냐?"

갱이 어르신이었다. 대답이 없자 어르신은 문을 벌컥 열었다. 나는 애써 몸을 일으켜 머리를 꾸벅 숙였다. 어르신은 말했다.

"그래, 밥은 먹었느냐?"

"……."

푹 꺼진 한숨 소리가 들렸다. 숙인 머리에 어르신의 깊은 숨이 닿았다.

"장사 지내는 중에 얼굴조차 비추지 않은 건 크게 탓하지 않겠다. 하지만, 죽은 아가 한은 풀어주는 것이 형제로서 해야 할 도리 아니겠느냐?"

"…한 말입니까?"

"그래. 그 어린놈이 그렇게 죽을 줄 누가 알았겠느냐. 네가 이럴 때 오빠가 돼서는 동생 하나 잘 보내주기라도 해야 하지 않겠느냐?"

"제게 그런 말씀을 하시는 건, 호랑이라도 잡으라는 겁니까?"

"못 할 것도 없지 않으냐?"

어르신의 말이 끝나자 하야가 떠올랐다. 생글생글 웃으며 따르던 내 동생. 고민은 길지 않았다.

"…하겠습니다. 제가 아니면 누가 하겠습니까."

"내가 먼저 일어나도 되겠습니까? 중차대한 일인지라 함께할 애들도 얼른 알아야 하니까요."

"됐다. 이미 네 친구들에게 물어보고 오는 길이다."

나는 급히 일어나려다가 주춤하여 다시 어정쩡하게 앉았다.

"아, 그리하셨습니까?"

"그래, 셋 다 그러겠다고 하더라. 어려운 일인 만큼 급할 것 없으니 신중히 하여라."

그 말을 끝으로 어르신은 미련 없이 자리를 떴다.

"배웅 마라!"

나는 어느새 멀어진 어르신의 등 뒤로 소리쳤다.

"…예, 감사합니다!"

5일

불어났던 물은 거짓말처럼 계곡 바닥을 겨우 적시고 있었다. 나는 돌을 하나둘 디디며 나아갔다. 내 뒤로는 낙호, 소휘, 망석이가 차례로 경중경중 뛰어왔다. 우리는 시장을 향해 걸음을 옮겼다.

그때, 소휘가 마침 생각난 듯이 말했다.

"아, 그래서 우리 사냥은 언제 하는 거냐?"

"그거, 아무래도 좀 빨리하는 게 낫겠다. 우리가 실력이 없는 것도 아니고, 이런 건 시간 끌수록 열의만 사그라질 뿐이니까."

내 말에 낙호가 물었다.

"그러면 한 보름 뒤?"
"아니."

나는 깊은 산중, 아마 범이 있을 곳을 슬쩍 노려보았다.

"이틀이면 충분할 테지."

재잘대며 걷다 보니 금세 시장이 보였다. 안쪽으로 들어가니 고기가 주렁주렁 매달린 곳이 있었다. 고깃간이었다. 다들 누가 먼저랄 것 없이 그곳으로 향했다.
 사냥 전에는 술과 고기를 양껏 먹어야 한다는 소휘의 주장으로 우리는 평생 먹어보지 못할 것 같았던 쇠고기를 사고, 맞은편 주점에서 탁주도 몇 홉 샀다. 네 사람이 육주를 가득 안으니 주머니가 비어도 마음에 풍요가 차올랐다. 소휘가 손에 든 고기를 높이 들어 올려 보였다.

"이렇게 많은 음식을 짊어진 것도 간만이다!"

우리는 모처럼 쫑알거리며 마을로 돌아갔다. 집으로 향한 것은 아니었다. 마을에서 가장 구석진 곳. 그곳에는 생활감이 물씬 나는 장작 구이 터가 있었다.

"사들인 고기를 가지고 온 건 처음이지 싶다."

낙호의 말대로 우리는 이곳에서 직접 사냥한 고기만 먹었었다. 가끔 동이 아주머니의 도움으로 잡은 고기를 꿍쳐 두었다가 우리끼리 모여 먹곤 했으니까.

"게다가, 내가 살다 살다 쇠고기를 구워 먹네!"
"얘기 말고 얼른 시작하지! 내가 불 가져올게."

망석이가 잽싸게 자기네 집에 들어가더니 장작에 불을 붙여 돌아왔다. 불은 다른 장작으로 옮겨가 금세 고기를 익혀주었다. 우리는 빙 둘러앉아 양껏 먹고 마시기 시작했다.

좋은 시간은 어찌나 빠르게 흐르는지. 많은 양을 꾸역꾸역 비워냈을 때는 어느새 하늘에 붉은 빛이 지어졌다. 우리는 자리에서 가만히 흐르는 구름을 지켜보았다.

침묵이 길어질 즈음, 소휘가 입을 뗐다.

"이렇게 모여 있으니 꼭 예전 같다."
"뭘, 그리 전도 아닌데."

망석이가 대꾸했다. 우리는 다시 말이 없어졌다. 잠시 우리들 사이에 안개가 앉았다 간 것 같았다.

6일

오늘도 어김없이 고기와 술로 배를 가득 채웠다. 그러나 어제와 달라진 점이 있다면, 다시 한번 시장에 갔다는 것이다. 호랑이를 잡으러 가는데 허름한 무기를 쓸 수는 없으니, 다 같이 무기를 보러 갔다.

활잡이인 나와 애들은 화살을 샀고, 망석이는 창 하나를 샀다. 비장하게 시작한 일이었지만, 새 무기를 사니 다들 비실비실 웃음이 나왔다.

돌아오는 길에는 하늘에 창백한 빛이 감돌았다. 우리는 해지기 전, 내일 다시 만나기로 약속하고 헤어졌다.

그런데 거의 집에 다다랐을 때, 뒤에서 나를 부르는 소리가 들렸다.

"야, 메한아!"

망석이었다.
"집엔 안 가고 어쩐 일로 여길 왔어?"
"말할 게 있어서 왔다."

그렇게 말한 후에도 망석이는 머리를 벅벅 긁으며 딴청을 피웠다. 그러고는 푹 한숨을 쉬고 어렵사리 말을 꺼냈다.

"인제 와서 이런 말 하기도 뭐하지만… 우리 사냥 안 하는 건 어떻겠냐?"

"…뭐?"

순간 내 귀를 의심했다. 사냥을 미루자는 것도 아니고, 하지 말자고?

"야, 내일이 사냥하기로 한 날인데, 안 하긴 뭘 안 해?"

망석이는 내 눈을 피하며 말했다.

"아니, 말은 쉽게 했지만, 호랑이를 잡는다는 게 목숨을 걸어야 하는 일 아니냐? 솔직히 난 걱정된다, 죽을까 봐."
"안 죽어. 우리가 평생 해온 게 사냥인데 왜 죽어? 쓸데없는 걱정 말고 잠이나 자라. 내일이 사냥 날이니."

내 강경한 말에 망석이가 주춤했다. 말을 고르듯 입을 뻐끔거리다가 마침내 입을 열었다.

"그래. 오늘 한 말은 잊어라. 네가 가겠다는데 내가 어찌 가만히 있겠냐."

망석이는 짐짓 장난스러운 표정을 지으며 말했다. 그러면서도 걱정되는지, 안 하고 싶으면 바로 말하라고 신신당부했다.

7일

벌어진 문틈 사이로 한낮의 빛이 들어왔다. 요즈음 잠이 많아지더니 오늘마저 늦잠을 자버린 모양이다. 나는 느릿하게 밖으로 나왔다. 수풀이 우거진 길을 걷다 보니 애들이 보였다. 둥글게 앉은 무리 안쪽에서 연기가 피어오르고 있었다.

"왔냐?"

낙호가 말했다.

"자길래 먼저 구웠다. 많이 남았으니 어서 먹어."

나는 자리에 앉았다. 익은 고기가 내 앞에 널려 있었다.
적당히 배가 찰 무렵 나는 자리에서 일어났다.

"좀 걷다 온다."

소휘가 물었다.

"배 꺼지게 왜?"
"괜스레 몸 무거워지면 사냥이 안 될까 봐. 너도 할래?"
"아니. 혼자 가라. 나는 산 게 아까워 더 먹으련다."

소휘는 다시 식사에 열중했다.

"…갔다 온다."

나는 쭈그린 등에 대고 말했다. 소휘는 돌아보지도 않고 대충 손을 흔들었다.

나는 발 닿는 대로 길을 거닐었다. 오랜만에 혼자 걸으니 새삼 주위에 시선이 갔다. 낮은 돌담 아래 이름 모를 잡초들이 피어 있었다. 흰 나비가 꽃으로 날아와 앉았다. 나는 어느새 멈춰서 이들을 바라보았다. 이렇게 한가하던 날이 너무나 먼 과거처럼 느껴졌다.

'만약 지금처럼, 아무 일도 하지 않고 내 생을 보낸다면.'

그렇게 한다면 나는 편안할까? 시간이 있다면 생각이라도 해보겠지만, 이미 먹은 고기는 뱉을 수 없고 이미 날린 화살은 되돌릴 수 없으니 한탄이 무슨 소용인가. 아, 하필 이제 와서야 떠올리게 되다니. 처음 범사냥을 결심한 날로 돌아간다면 준비 시간을 한 달 보름은 더 두었을 걸… 후회가 먹구름처럼 머릿속을 뒤덮었을 때, 문득 닿은 시선 속에 갱이 어르신이 있었다.

"여긴 웬일로 왔느냐?"

못 본 척 지나갈까 했지만, 어르신이 아는 체를 하는 바람에 별수 없이 대화를 시작했다.

"안녕하십니까, 어르신. 가기 전에 산책이나 하려던 참이었습니다."

어르신은 의아해하며 물었다.

"가다니, 어딜 가느냐?"
"전에 말씀하시던 호랑이 사냥 말입니다. 범 잡기는 처음인지라 사냥 전에 마음이나 가다듬을까 하고…"
"지금 범을 잡는다고 하였느냐? 그럼, 언제 나설 생각이냐?"
"아, 산책 마치고 이제 산에 올라야지요."

말이 끝나기가 무섭게 어르신의 얼굴이 잔뜩 일그러졌다.

"뭐? 오늘 간다고?"

나는 떨떠름하게 대답했다.

"예, 애초에 어르신께서 먼저 권한 일 아닙니까. 무슨 문제라도 있습니까?"
"네게 말을 건 지가 겨우 사흘째이다. 어찌하러 이리 급히 가려 하느냐!"

"그동안 저희도 준비할 건 다 했습니다. 풍족히 먹고, 새 물건도 사 두었습니다. 여기에 무엇이 더 필요하겠습니까?"

"아무리 마음이 급해도 그렇지, 고작 사흘 갖고는 택도 없다!"

"됐습니다. 준비가 더 길어졌다간 파산하고야 말 겁니다. 그렇지 않아도 하루 벌어 하루 먹고 사는 판에 사냥 일을 그만둘 순 없는 노릇이고요."

"돈이 무서워 죽을 셈이냐?"

"죽는단 말 하지 마세요! 전 안 죽습니다."

내가 소리치자 일순간 사위가 조용해졌다.

"두고 보세요. 전 할 수 있습니다."

그 말을 끝으로 나는 뒤돌아섰다. 뒤에서 나를 부르는 소리가 들려왔다. 소리는 바람결을 타고 와 내 곁을 맴돌았다. 나는 몸을 떨쳐내듯 달렸다. 내가 향할 곳은 한 곳뿐이었다.

산행로 입구에 친구들이 전부 서 있었다. 그리로 다가가자 낙호가 내게 활을 건네주었다.

"늦었네, 가자."

담백한 말 한마디에 산행이 시작되었다. 어르신의 모습이 어른거렸지만 이제 상념은 버려야 할 때였다. 새삼 어색한 정적 속에서 우리는 한 발 한 발 나아갔다.

얼마나 걸었을까, 듬성듬성 난 나무에 긁힌 자국이 보였다. 사슴의 소행이라기엔 깊고 굵은 상처. 아마 범의 영역에 다다른 모양이다. 산을 오른 순간부터 이어진 침묵에 숨소리마저 크게 들렸다. 혹시나 범이 제 앞에 나타날까 벌써부터 활시위는 팽팽하게 당겨져 있었다. 그러던 순간, 눈이 마주쳤다.

순간순간마다 저 멀리 호랑이가 스쳐 보였다. 손끝이 저렸다. 젖은 손을 닦고 싶었지만, 활을 놓는 사이 범이 덮쳐버릴 것만 같아 꼼짝할 수 없었다. 위치를 확인하느라 머리를 획획 돌리느라 어지럽기까지 했다. 등골이 오싹해졌다. 나는 그 느낌을 따라 활시위를 놓았다.

피융—

'됐다!'

나는 속으로 쾌재를 불렀다. 곧게 나간 화살이 범의 옆구리에 박힌 것이다. 긴장감 속에서 뿌리튼 희망은 여느 때보다 달콤하게 느껴졌다. 나도 모르게 안도의 한숨을 뱉었다.

그러나 부푼 마음은 시야를 가리기 마련이다. 잠시 정신을 차려보니 멀리서만 보이던 범은 어느새 근방을 맴돌고 있었다. 숨이 턱 막히도록 놀라 정신없이 쏜 화살 서너 개가 털 사이로 빗나갔다. 다행인 것은 옆에서의 활약이었다. 벌써 범에게는 대여섯 개의 화살이 꽂혀 있었다. 부진한 건 나뿐이었다.

그때, 망석이가 범의 어깻죽지에 창을 찔러 넣었다. 범은 고통스러운 듯 몸을 비틀며 사나운 울음을 터뜨렸다. 그리고 그 아가리는 그대로 망석이를 향했다. 나는 재빨리 범의 머리를 있는 힘껏 겨누었다. 근거리에서 발사된 화살은 범의 입가를 정확히 꿰뚫었다.

그러나 그것은 나를 죽음으로 내몰았다. 머리 부근을 공격당한 범이 나를 표적으로 삼기 시작한 것이다. 범은 곧바로 나를 향해 달려들었다. 피할 수조차 없는 거리였다. 온 하늘을 덮는 덩치가 햇빛을 전부 가리었다. 나를 향해 내리꽂는 커다란 앞발. 이제라도 활을 당겨 보았지만, 거대한 몸뚱어리에 바늘이나 찌른 격이었다. 아무리 아득바득해도 소용이 없었다. 몸이 바짝 죄는 것 같았다.

왜 진즉에 깨닫지 못했을까. 호굴에서의 목숨은 강풍 앞의 호롱불만큼이나 가녀린 것을.

미친 듯이 뛰던 심장이 가라앉았다. 어찌 된 일인지, 머리가 멍했다. 나는 내 옆의 호랑이를 보았다. 사납던 기세는 어디 가고, 내가 있는 줄도 모르고 엎드려 있었다.

아, 그래. 다른 애들이 죽였나 보다. 생각이 거기까지 다다르자 온몸에 퍼지는 깊은 고양감에 나는 아무 말도 할 수 없었다. 나는 주위를 둘러보다가 바닥에 떨어진 부엌칼 한 자루를 집어 들었다. 호랑이 주변으로 피가 조금 고여 있었다. 나는 그 작은 샘을 짓밟고 상처가 가장 깊은 곳을 찢어대었다.

  호랑이의 살가죽이 충분히 벗겨지자, 나는 속을 뒤적거렸다. 얼마나 그러고 있었을까, 나는 마침내 몽글몽글한 핏덩이를 발견했다. 떨리는 손으로 그것을 한 움큼 짓씹으니, 아아, 그 맛은 틀림없는 기쁨의 맛이었다.

벚꽃 피던 날 그대

정 민 수

오늘같이 차가운 날에는 따뜻한 벚꽃 피던 날의 그대를
추억해 보았습니다

노을 져가는 검붉은 하늘을 등져 앉고 이 노을보다
아리따웠던 그대를 추억해 보았습니다

벚꽃 피던 따듯한 날에 내 귀 사이로 분홍빛 벚꽃
한 송이를 꽂아주던
그때 날 가까이서 바라보아준 그대의 눈동자가
희미하게 기억납니다.
그대와 수백 송이 벚꽃이 겹쳐보였습니다

그리움 때문이었는지
그대와 추억의 탑을 쌓아 올리던
그때 그 공원으로 홀린 듯 발을 옮깁니다

그대와 함께하던 그때 그 자리였지만

노병

내 어린 시절의 기억은 그저 붉고, 검고, 회색빛이었다.
그런 색들이 어지럽게 뒤섞여 내 유년을 이룬다.
나는 어린 시절에 전쟁을 겪었다.
목적은 당연히 돈이었다.

우리 집은 가난했고,
나에게 선택권이란 없었다.

그때 나는 모든 것을 잃었다.

돈, 건강, 집, 가족.

누군가 나에게 말했다.
"노병은 쉬어야 하지 않겠어?"

노병…

내 젊음,

내 벗,

다 어디로 가버린 걸까…

그 일은 나마저도 빼앗아갔다.

내 자아는 오직 참호 속 총칼로 남았다.

나에게 남아 있는 것은 아무것도 없었다.

전쟁은 내 모든 것을 태워버렸다.

숫자 인간

만화를 보거나 게임을 하다 보면 종종 '전투력'이라는 단어가 나오기도 한다.

보통 캐릭터의 강함의 정도를 나타내는 수치다.

하지만 요즘 세상에선 이 단어가 조금 다르게 쓰인다.

'숫자 인간'
우리는 사람을 가끔 숫자로 보곤 한다.
학교에서는 성적표 한 장,
회사에서는 이력서 몇 장으로
사람을 구분 짓는다.

이때 우리의 몸엔 숫자가 새겨진다.
그때부터 우리는 그 숫자가 곧 나를 상징하는 것이 된다.
사람들은 숫자를 올리려 애쓴다.
숫자가 낮은 사람은 가차 없이 버려지고, 뒤처지기 때문이다.

그렇게 떨어져 나간 사람들은 지쳐 숨어버린다.

결국 그들은 숫자에게 완전히 잠식당한다.
과열된 숫자 경쟁은 결국 슬픔과 절망만을 남긴다.

우리는 왜 싸우는 걸까?

우리는 그깟 숫자에 휘둘리는 걸까?

고장난 시계

오늘은 마치 고장난 시계 같다.
제대로 움직이지 못하는 시계 같다.

하루가, 삶이 삐걱거리며 회색빛으로 물든다.

반복되는 삶 속에서 결국 고장 나버린 시계,
지쳐 쓰러져 버린 회색빛 사람들.

삐걱삐걱,
꼭두각시 인형처럼 조작되는 삶 같다.

수동적이고, 지루하고, 의미 없는.

하지만…

난 고장난 시계도,

회색빛 유령도,
꼭두각시 인형도 아닌걸.

우리는 고쳐질 필요가 있다.
새로운 시계침으로 갈아 끼우고,

회색빛 몸에 물감을 칠하고,

팔에 묶인 조작 끈을 잘라내야 한다.

우리는 인간이다.

상흔

널 잊어야할텐데
널 머릿속에서 지워내야할텐데
노력해봐도 잘 안되네

너가 내 마음속에 그려낸 아름다운 그림
지우개로 일백 번 지워도 자국이 남는구나

계속 이렇게 지웠다간 내 마음이란 종이를 찢어지겠지

그러니 이젠 옅게 남은 너의 흔적을 보며
한 번쯤은 널 추억해보는 것도 좋겠다

마주 보다

빨려드어갈것만 같은 눈동자
누구라도 흘리게 하는 눈웃음
날 보며 싱글 웃던 너의 입술

널 마주 볼 때 너의 그 모든 것들이 생생해

하지만 나는 이제 널 다시 바라 볼 자신이 없다

생략

많은 게 사라졌네

너와의 추억

사랑

시간

하물며 너마저도

파편

너무나 소중한 게 부서졌어

주워 담으려 손을 모았지만

내 손만 날카로이 베어질뿐 변하지 않네

어쩔 수 없네

그저 조각 조각난 파편으로나마 너와의 추억을
기억해야지

나의 자리에서 여유롭게, 시작하기!

정 윤 서

나는 다른 현대 사회인처럼 빠른 것을 좋아했다. 어떻게 해야 할 일을 빨리 끝내고 놀 수 있을지, 어떻게 하면 멀리 있는 할머니 댁까지 빨리 갈 수 있을지, 어떻게 해야 빨리 나의 목표를 이룰 수 있을지 항상 '빨리'를 원했다. '어떻게' 하는지가 아닌, 그냥 무작정 빨리 하는 것이 일의 능률과 효율이라고 생각했었던 것 같다. 누군가와 함께 있어도 나의 할 일을 빨리 끝내지 못하면 늘 조마조마한 마음이었다. MBTI에서 J 성향을 확실히 띄고 있었던 것 같다. '어떻게 하면 빨리 할지'에 초점을 맞추다 보니 시작이 늦어졌다. 그러다 보니 할 일을 자꾸 미루게 되었다. 못하더라도 시작하고, 그것으로 인해 무언가를 배우는 것, 뭐든 해보는 것이 중요하다는 것을 그 후에야 알았다.

왜 이런 성격을 띠게 되었는지 곰곰이 생각해 보면 9살 즈음에 답이 있는 것 같다. 그때의 나는 호기심이 굉장히 많았다. 여러 분야에 관심이 있었고 그래서 꿈도 매우 많았다. 흔히 어른들이 말하는 '커서 직업은 하나로 정해야 해'라는 말은 들리지 않았다. 꼭 직업이 하나여야 하는가? 내가 생각했을 땐 꼭 그런 것은 아니었다. 그때는 직업이 여러 개인 사람이 거의 없었기에, TV에 여러 개의 업을 가진 사람들을 보면 그들을 존경하게 되었다. 나도 그들처럼 되고 싶었다. 꿈이 많았기 때문인 것 같다. 그것들을 이루기만 바란 것이 아니었다. 이루고 나서 그 후에도 나의 일들을 책임지고 싶었다. 그래서 나의 진로에 관한 문제는 쉽게 결정할 수 있는 일이 아니었다. 너무 어려웠다. 그러던 중에 학교에서 '직업 조사하기'라는 활동을 하게 되었고, 나는 카페에 가서 아무나 붙잡고 인터뷰를 했다. 그분은 바쁘셨는데도 흔쾌히 내 인터뷰에 응해 주셨다. 대부분의 친구들은 자신의 엄마나 아빠를 했지만 나는 엄마, 아빠의 직업을 넘어 더 넓은 세상을 보고 싶었다. 그렇게 내 주변의 가까운 직업들에 대해 먼저 알아보기 시작했다. 세상에 있는 모든 일을 하루 안에 해보고 싶다는 생각을 하게 되었다. 열심히 조사하고 또 조사했다. 그러다 보니 많은 일을 하더라도 제대로 하고 싶다는 초심을 잊은 채, 그냥 빨리만 하고 있는 나의 모습을 발견했다. 많은 일을 적은 시간 안에 해내기 위해서, 남들이 하지 않는 도전이나 내가 궁금한 것을 충족시키기 위해 최선을 다해 살고 싶었던 게 분명하다. 하지만 사람들이 관심이 없는 일이나 귀찮아하는 일도 도전해 보았고, 나에게는 신비롭고 새로운 일들을 해내며 새로운 경험과 성취감을 얻었다. 과정이 재미있었으니 그것만으로도 의미가 있는 것 아닐까?

그 이후에는 "많은 일을 하지 않아도 괜찮아. 나에게 주어진 일을 잘 해내는 것만으로도 좋은 것을 얻을 수 있어. 평범한 하루하루가 싫을 때는 그냥 다양한 경험을 해봐."라는 조언을 나 스스로에게 해줄 수 있는 성장한 내가 되었다. 그 성장이 이런 사소한 경험에서부터 출발한다는 것을 느낀 나는 뿌듯했다. 이런 것들을 수없이 경험하며 지금의 내가 된 것 같다.

나에게 인생 선배들은 "다양한 경험을 해봐. 그 속에서 네가 원하는 답을 찾을 수 있어. 더 넓은 세상 안에 발을 들여봐. 또 다른 멋진 배움이 있을 거야. 실패해도 괜찮아. 다시 일어서는 게 더 중요해."라는 말들을 해주셨다. 테레사 수녀의 말 중 '말 한마디는 작게 건넬 수 있지만 그 메아리는 실로 끝이 없다.'라는 것이 있다. 나는 그 말을 믿지 않았다. 어떻게 말 한마디로 사람의 인생이 바뀔 수 있냐고 생각한 사람들 중 한 명이었다. 그리고 그 말을 경험해 본 한 사람이기도 하다. 그 뒤로 나에게 도움을 주었던 수많은 사람들에게 고맙기도 하고, 나도 도움이 필요한 사람들에게 필요한 부분을 채워주며 선한 영향력을 행사하고 싶다는 생각도 하게 되었다. 예를 들면 '내 인생 실패라고 생각한 순간부터 더 높이 올라갈 수 있었던 경험, 나의 아이디어가 학교로 확대된 경험, 목표를 달성하기 위한 노력'을 더 잘 알고 실천할 수 있었던 것 같다. 다양한 경험을 하며 다양한 사람들을 만났고, 또 그 사람들에게서 기회를 얻었다. 일을 얻으면 당장은 좋았지만 그것들을 책임져야 했고, 그것들을 책임지기 위해서 나는 내가 '책임'이라는 가치를 중요하게 생각하게 되었다. '일을 하지 않아도 되지만, 그에 대한 책임도 내가 지는 것, 나의 말과 행동에 대한 책임은 내가 지는 것'이라고 나만의 사전에 규정해 놓으니 나 스스로도 내가 더 성장한 느낌이 들었다. 이에 따라 자연스레 다른 사람과의 관계에서도 나는 신뢰할 수 있는 사람이 되어 있었다.

　백조처럼 살기로 했다. 겉으로는 우아해 보이지만 속으로는 발버둥 치고 있는 것 말이다. 즉 남들이 보는 데서보다 나 혼자 노력을 해야겠다고 마음먹었다. 그렇게 무기력을 벗어나려고 온갖 할 일을 만들어 실천했고, 나의 인생 버킷리스트도 만들 수 있었다. 공모전과 공문에 붙어 있는 것들을 다 신청하고 참가하여 수상도 여러 개 했고, 경험이 쌓여 경력이 되기도 했다. 이렇게 살다 보니 나만의 삶의 노하우라고 할 수 있는 지혜가 쌓여갔다. 그리고 그 기회들을 통해 나의 더 큰 꿈을 키워 나갔다. 자연스레 내가 더 좋아졌고, 자신감이 생겼다.

　자기계발서나 위인들의 삶을 담은 책을 보면 그들은 처음부터 잘하지는 않았다고 한다. 오히려 실패를 더 많이 했고, 좌절을 더 많이 경험했다고 한다. 그런데 역사적으로 남은 인물들은 어떻게 그토록 대단한 업적을 많이 남기게 되었을까? 위인들은 어떤 '비밀들'을 알고 있었기 때문이다. 그 비밀은 실패가 없는 사람은 알지 못한다. 실패해 본 사람만이 찾을 수 있는 비밀이기 때문이다. 다만, 실패는 땅속으로 꺼지는 것은 아니다. 물론 이 세상에서 사라지는 기분을 충분히 느낄 수 있다. 그럼에도 다시 일어설 수 있는 것이 실패이다. 다시 일어서지 않으면 포기가 되는 것이다. 즉, 실패는 성공으로 가는 과정 중의 일부이고 포기만 하지 않으면 성공할 가능성도 언제든 있다는 것이다.

　나도 실패를 많이 했다. 다양한 경험을 쌓아야 할 것 같았고, 더 많은 사람을 폭넓게 만나야 할 것 같았다. 하지만 무언가를 시작하려니

막막했다. 생전 해보지 않은 걸 갑자기 하라니… 어떤 걸 해야 할지 조금은 감이 왔지만 어떻게 시작해야 할지는 알지 못했다. 일단 나의 할 일부터 시작했다. 여러분은 실패한 경험이 있는가? 그리고 그 실패의 경험들을 인생에서 어떻게 활용하며 지금도 살고 있는가? 어떻게 살아야 잘 사는 것일까? 어떤 마음가짐을 가지는 것이 올바른 어른이 되어가는 과정일까? 그러한 고민을 하며 더 나아진 내가 되길 바란다.

나는 앞서 무기력을 경험했다고 했다. 특히 중학교 1학년 때 무기력이 절정에 달했다. 왜 그랬는지 생각해 보면, 일이 너무 없어서 내가 할 일이 없다는 것에 대해 불만을 가지고 있었던 것 같다.

그럼에도 불구하고 내가 내 인생을 바꾸고자 했던 이유는 무기력이 찾아왔지만 그걸 핑계로 삼지 않고 그토록 내가 찾던 기회를 얻고 싶어서이다. 무기력이라는 경험을 했기 때문에 그것에 대해 더 잘 대처할 수 있지 않을까.

중2가 되고 나서부터는 무언가 변화를 주고 싶었다. 무기력한 내가 아니라, 내가 한 행동에 대해 잘했다고 칭찬해 줄 수 있는 나, 내가 생각해도 멋진 내가 되고 싶었다. 순간에 집중한 하루, 후회 없는 하루, 나의 꿈에 더 가까워진 나의 모습을 얻고 싶었다. 나의 할 일을 잘 해내는 것은 기본이었다. 그런 모습을 가진 사람이 나의 롤모델이었고, 그들에게 메일이나 인터뷰 신청을 하여 조언을 받고 싶었다. 그러나 내가 원하는 사람을 찾기 쉽지 않았고, 그 사람들이 나를 위해 시간을 내기도 쉽지 않았다. 그래서 나는 일단 '시작해보자. 경험을 통해서 스스로 시작하자.'라는 마음으로 학교 게시판에 붙었던 공문을 다 신청하고, 붙어 있는 공모전이란 공모전을 다 신청하였다. 그 결과, 다양한 경험을 할 수 있었고, 수상도 많이 했다. 그것만 얻었던 것은 아니고, 그 분야에 필요한 역량을 어떻게 키워야 할지에 대해서도 갈피를 잡을 수 있게 되었다. 후회 없는 인생을 살기 위해서 하루하루 어떤 일이든 최선을 다해 살았고, 내가 하고 싶었던 일을 시도하기 시작했다.

중2 때는 통일 글짓기, 과학 아이디어, 나라 사랑 그림 그리기 대회, 수원 화성 그리기 대회, 바둑 대회 등에 참여했다. 이렇게 다양한 분야에 참여한 이유는 나에 대해 더 잘 알고자 했고, 역량을 더 키우고 싶었기 때문이다. 이때의 나는 이렇다 할 꿈이 없었다. 꿈이 많았고 어른이 되어서는 어떤 일을 하며 살아가야 할지 몰랐다. 어떤 일을 하더라도 지금의 나는 미래에 나에게 디딤돌이 되어주고 싶었다. 학생 때 이런 역량을 다방면으로 쌓으면 도움이 될 것 같았다. 또한 공모전은 주변 지인들에게 소개 많이 받아 접근성이 좋았다. 그렇게 나는 한 달에 공모전만 11개 이상 참여하기도 하였고, 어떤 분야의 일을 어떻게 해야 하는지 조금은 알게 되었다.

내가 이뤄낸 첫 경험은 지혜의 숲 도서관 도서부, '책누리단'이다. 나는 사실 도서부를 1학년 때부터 지원했었다. 하지만 생전 처음 써보는 자기소개서를 어떻게 써야 할지 몰라 나의 생각을 적어서 냈더니 불합격 처리가 되었다. 나는 다른 친구들은 어떻게 썼는지 궁금해 인터넷에 자기소개서 목록을 다 뒤져보았다. '아, 이렇게 써야 하는구나.' 알고 나서 1년을 기다렸다. '포기하지 않는 자에게 기회가 찾아올 것이다.'라는 말을 믿으며 그 일만을 계속 생각했다. 마침내 서류 심사에 붙고, 최종 면접까지 합격하여 나는 2학년 때 정식으로 그토록 꿈꿔왔던 '도서부'가 되었다. 이걸 준비하는 기간이 1년이었던 만큼, 주위 사람들의 말에 일희일비하고 싶지 않아 아무에게도 말하지 않았다. 서류 심사가 통과되자 엄마에게만 이야기했다. 그리고 최종 면접에 합격하고 나서 모두에게 소식을 전했다. 내가 이때 배운 것은, 나의 일이 소문이 퍼지고 사람들이 수군거리면 그에게 정신을 빼앗겨 본질대로 할 수 없게 된다는 것이다. 그러니 일단 하고 그 뒤에 말해야 한다는 것을 뼈저리게 느꼈다. 그러면 어느 누가 수군거려도 신경 쓰지 않고 내 할 일을 할 수 있으니까 말이다.

이렇게 자신감이 생기니 이제 학교 밖으로 나가 더 큰 세상을 보고 싶었다. 학교에서는 봉사 활동을 하라고 했는데 나는 그런 것에 관심이 많았다. 어딘가를 방문하고 싶었고 사람들을 도와주는 것에 기쁨을 느꼈다. 하지만 코로나로 인해 밀집된 장소에 가지 못하게 되었고 비대면으로만 소통할 수 있게 되었다. 사람들의 마음도 닫혀가던 각박한 시기에, 나는 엄마의 소개를 받았다. 배냇저고리 만들기. 미혼모들을 위해 아기가 처음 입는 옷인 배냇저고리를 만들고 기부하는 활동이다. 권선 청소년 수련관에서 재료를 받아 직접 천을 분배하여 자르고 바느질하고 제작하고 빨고, 전과정을 진행했다. 그리고 아기와 아기 엄마에게 줄 편지도 작성했다. 이 옷을 입은 아이가 정말 행복하게 자랐으면 좋겠다는 생각이 절실하게 들었던 순간이었다.

공문을 보고 신청한 첫 번째는 수원 청소년 교육지원청에서 운영하던 '수원 청소년 교육의회'였다. 당시 담임선생님께서는 이러한 참여 공문들을 게시판에 모두 붙여두셨다. 무기력감을 떨쳐내고 새로운 경험을 쌓고 싶었던 나는 "이런 건 어떻게 신청하느냐"고 선생님께 여쭤보았다. 그렇게 직접 그 일을 담당하시는 선생님을 찾아가 신청서를 작성하였고, 여러 군데에서 합격 소식이 들려왔다. 청소년 교육의회에서는 청소년 관련 정책을 생각하고 청소년의 마음을 헤아려주는 역할을 한다. 진짜 의회처럼 서로의 의견을 존중하고 자신의 의견을 확립해야 하는 것이 기본이었다. 나는 그곳에서 진정한 경험을 쌓고 싶어 부의장으로 출마했다. 압도적인 표 차이로 나는 중학생 부의장이 되었다. 의장, 초등 부의장과 함께 60명 정도 되는 의원들을 책임져야 했고, 회의도 더 많이 해야 했다. 토요일마다 모여 회의하고 또 회의하던 날들이 많았다.

그 결실로 2023년 9월 즈음에 만석공원에서 부스 운영도 했다. 학교 상담 동아리인 솔리언과 손을 잡고 주최한 것이다. 의회는 문화예술1, 문화예술2, 학교, 안전, 생태환경, 자율 등의 상임위원회로 구성되어 있었다. 그래서 각각의 부서에 맞는 부스를 운영하기로 하였다. 당일 나는 밥도 먹지 않고 준비 시간을 시작하기도 한 시간 전에 도착했다. 주변을 둘러보고 행사를 이끌어가야 하는 팀이기도 했으니, 그리고 나는 부의장이라는 타이틀을 달고 있었으니 그에 맞는 책임을 져야 했고, 부스를 성공적으로 이끌고 싶었다. 나는 문화예술1 상임위원회의 위원으로, 향수 만들기를 진행했다. 향수 베이스에 라일락, 라벤더 등의 향을 넣어 자신에게 맞는 향을 찾으며 향수를 만드는 것이었다. 이 시간을 통해 참가자들이 자신에게 맞는 향을 찾는 의미 있는 경험을 하길 바랐다.

또한 현대를 살아가는 사람이라면 남녀노소 할 것 없이 많은 사람들이 저마다의 고민을 안고 살아가고 있을 것이다. 그래서 고민 상담 뽑기를 준비했다. 고민을 질문하고, 상대가 말하면 들어주는 역할을 했다. 우리는 그 이야기를 들어주며, 조언보다는 공감하고 위로하는 방향으로 진행했다. 조언을 싫어하는 사람들도 많기 때문이다. 그래서 신박한 방법으로 명언이나 힘이 되는 문구를 적어놓은 상자를 준비했다. 향수로 나만의 향을 찾은 사람들이 고민을 털어놓고 문구를 뽑아 응원을 받도록 했다. 마지막으로 선물 뽑기도 준비하여, 꽝 없이 누구나 행복한 시간을 보낼 수 있도록 기획하였다. 우리 팀은 약 100명을 예상했다. 그런데 예상보다 많은 사람들이 방문했고, 우리 부스가 인기가 있었기 때문에 부스 운영을 시작한 지 2시간 만에 조기 재료가 모두 소진되었다. 우리가 준비했던 시간과 노력만큼 결과로도 보여진 것 같아 뿌듯했다.

 10월 25일, 온누리 아트홀에서 학생 어울림 마당 행사가 있었다. 이에 대해 의회에서는 나를 추천 학생으로 지목했고, 담당 장학사님께서 연락이 오셨다. 행사 사회를 봐달라고 요청하셨다. 전체 500명 정도 되는 객석이 꽉 차는 대규모 행사였다. 내가 사회를 보다니… 물론 의회 안에서 부의장으로서 사회를 보는 것은 일상이었고 즐거운 일이었다. 하지만 이번에는 너무 떨렸다. 그게 사회의 매력이지. 매일 같이 대본을 쓰고 피드백을 받으며 준비했다. 너무 설렜다. 사회를 보는 입장에서는 어떤 멘트를 할지 알고 작성해야 하기 때문에 그 팀에 대해 알아야 했다. 그래서 정말 깊이 있는 조사를 했다. 행사 취지에 맞게 다양한 학교에서 댄스, 오케스트라, 국악 등의 팀들이 와서 공연을 하는 것이었다.

행사 당일에는 결국 준비한 멘트를 모두 사용하지 못해 즉석에서 한 멘트도 있었다. 준비 과정이 있어 틈이 너무 길어져 침묵만 맴도는 상황도 발생했다. 하지만 나를 믿고 사회를 맡겨준 사람들이 있었기에 정말 책임을 다하고 싶었고, 학생들 맞춤의 아재개그나 상식 퀴즈 같은 것을 준비했다. 아직 정하지 못한 멘트도 진심으로 하고 싶었기에 무대를 다 보고 즉석에서 멘트를 만들었다. 그리고 선생님들이 행사 시작 후 연주를 듣는 중에 "이런 멘트도 해주었으면 좋겠다" 하는 것들을 더 추가해 그 팀이 마음에 들도록 했다. 사회를 성공적으로 이끌어갈 수 있었던 것은 모든 멘트 하나하나에 진심을 담아서 했다는 점에 있는 것 같다. 나의 진심이 잘 느껴졌는지 관중들의 환호와 참여도도 굉장히 높았다. 우리 부모님도 오셔서 2층 1열에서 나의 사진을 찍어주시고 플래카드도 펼쳐주셨다. 물론 사회에 너무 집중한 나머지 그런 것을 하고 있는 줄도 몰랐지만, 나중에 알고 나서 고마웠다.

이때 나의 꿈이 아나운서로 자리 잡던 시기였는데, 사회를 본 것이 정말 큰 도움이 되었던 이력이다. 이렇게 설렘 반 떨림 반으로 기대하던 사회가 끝났다. 대규모로 하는 사회는 처음이었지만 잘 해낸 내가 너무 대견했다.

2023년은 물론이고 2024년에도 나는 의회에서 경험할 기회를 선물 받았다. 정책 서포터즈를 모집한다는 것이다. 대상은 의회에서 부의장이나 의장을 맡고 있는 학생과 학부모였으며, 한 의회당 추천 인원은 1

명이었다. 나는 의장님의 배려를 받고 직접 자원하여 정책 서포터즈에도 가입하게 되었다.

의회라는 하나의 경험이 부의장, 만석공원 부스 운영, 온누리 아트홀 학생 어울림 한마당 사회, 정책 서포터즈 등 다양한 경험을 가져다주었다. 처음엔 경험을 어떻게 쌓아야 할지 몰랐던 내가 하나의 경험에서 추천받아 또 다른 경험으로 이어지고, 새로운 것을 배울 수 있게 되는 과정이 너무나도 행복했다. 그 일이 잘되건 잘되지 않건 상관없이 모든 순간이 행복했다. 경험은 이렇게 쌓아 나가면 되는 거구나 하고 깨달았다. 무기력이 큰 행복을 가져다주다니… 시작은 무기력이었지만 점점 더 큰 행복 나무가 심어지고 있는 것 같았다. 앞으로의 경험들도 잘 해낼 수 있을 것 같았다.

그 후 공문이 또 붙었다. '경찰 정책 자문단을 모집합니다.' 나는 경찰이라는 직업에는 관심이 없었지만, 이것 또한 나의 피와 살이 되는 경험이 될 수 있고, 이런 경험들이 배경지식이 되어 삶에 도움이 될 것이라 생각하니 놓치면 후회할 것 같았다. 바로 신청했다. 첫 만남은 6월 20일, 내 생일이었다. 가족들과 함께 파티를 하고 싶었지만, 진정한 경험은 이런 상황 속에서도 이루어지는 것이라 생각했다. 생일이니 더 특별한 경험을 해보는 것도 좋지 않을까 싶었다. 생일 파티는 날짜를 따로 정했고, 가족들도 나의 선택을 지지해주었다. 나의 선택도 가족들의 지지 덕에 가능했다고 생각되어 고마웠다.

정책 자문단은 마약, 중독, 도박 같은 청소년 문제의 예방 방법과 해결책을 청소년의 시선으로 바라보고 토론하는 활동이었다. 어른들이 만드는 정책이 청소년들에게도 과연 도움이 될까? 그런 생각에서 시작된 것이라 한다. 그러면서 새로운 관점에서 볼 수 있게 되었고, 청소년을 대표한다는 생각으로 보니 다른 관점도 이해가 되었다. 생각을 많이 하다 보니 아이디어도 쏟아져 나왔다. 그곳에서도 추천을 받아 '경찰청장상'을 받았다. 최근에는 경기도 경찰청 체험도 다녀왔다. 홍보관과 112 상황실을 방문했고, 점심시간에는 구내식당도 이용해 보았다. 또 경찰의 체포술을 배워 언제 일어날지 모르는 만일의 상황에 대비하는 방법도 배웠다.

나는 기자 출신 아나운서가 되고 싶어서 청소년 기자단을 찾던 중이었다. 그러다 청개구리 기자단을 알게 되었고, 열심히 자기소개서와 면접을 준비했다. 합격에 또 합격이었다. 지금이야말로 나의 전성기였다. 정말 내가 하고 싶었던 일에 가까워진 느낌이었다. 다양한 기사 작성 방법에 대해 배우고, 직접 인터넷 사이트에 기사를 작성하고 첨삭을 받으며 글이 한결 나아지는 것을 배웠다.

이벤트로 교장 선생님 인터뷰하기가 나온 적이 있었다. 평소에 나는 교장 선생님을 인터뷰하고 싶었는데, 그걸 핑계로 교장 선생님께 궁금했던 것들을 인터뷰할 수 있어 좋았다. 많은 행사 취재를 나가면서 정보를 사람들에게 신속하게 전달하는 일을 하고 있다고 생각하니 정말 뿌듯했다. 기자단에서는 행사 취재를 나갈 때 뉴스를 만드는데, 그때 내가 자원하여 아나운서 역할을 한 적도 있었다. 내가 쓴 대사를 내가 외워서 말하니 정말 뿌듯했고, 꿈에 가까워진 느낌도 들었다.

최근 기자단 체험학습으로 뉴지엄과 조선일보 본사에 다녀왔다. 뉴지엄은 뉴스 박물관의 약자라고 한다. 대형 스크린이 있어 손을 갖다 대면 센서가 감지해 뉴스를 확대해서 보여주었다. 신기했다. 그곳에서는 실제 기자의 삶을 간접적으로나마 체험해볼 수 있었다. 짝과 함께 기사를 써야 했는데, 시간을 30분 주셨다. 기자들은 시간이 생명이라며 마감 시간을 꼭 지키라고 하셨다. 나와 짝꿍은 조마조마하면서도 황금 같은 시간을 맞출 수 있었다.

실제 같은 뉴스 데스크 재연장은 정말 나의 꿈만 같은 곳이었다. 역할은 아나운서1, 아나운서2, 기상캐스터, 해외 특파원, 멋진 연예인, 기자가 있었다. 각자 맡은 역할은 모두 소중했고, 없어서는 안 되는 것들이었기에 뽑기를 통해 역할을 정했다. 나는 기상캐스터를 맡게 되었다. 우비를 입고 멋지게 방송했다. 실제 방송이라고 생각하고 하니 떨리기도 했지만, 그동안 연습했던 발음과 노력으로 맺은 발성을 활용하여 스스로도 멋지다고 할 만한 결과를 도출해냈다. 이렇게 또 한 번, 아니 두 번 나의 버킷리스트에 도달했다. 기자단 합격과 뉴스 방송하는 것.

엄마와 동생의 추천으로 집 앞 청소년 수련관에서 운영하는 '화이부동'에 가입하게 되었다. 화이부동은 화합과 조화를 뜻하는 이름으로, 청소년 운영위원회의 역할을 하고 있다. 의회와 유사한 부분이 많아 도움이 많이 되었다. 매번 안건은 청소년과 관련된 주제로 회의를 진행했고, 수련관이 이천 서희 청소년 수련관과 교류 활동을 어떻게 할지에 대해 토론하기도 했다. 또 정책 제안 대회에서 어떤 정책을 제안할지 발표하는 시간도 가졌다. 최근에는 부스 운영 행사를 준비하기도 했다.

청소년 수련관은 주민자치센터와도 교류하고 있었는데, 주민자치 가자단에 '기자학교'에 청소년을 추천해 달라고 요청하자 청소년 수련관 담당 선생님께서 나를 추천해 주셨다. 나의 꿈 중 하나는 이 마을에서 유명해지는 것이었다. 마을 신문을 만드는 것도 꿈이었다. 기자학교에서 수업을 듣고, 마을 신문을 어떻게 만들면 좋을지 내 의견을 적극적으로 알리며 회의도 했다. 기자학교 선생님들은 나를 중심으로 카메라 다루는 법을 가르쳐 주셨고, 기회가 된다면 다른 행사 때도 꼭 불러주겠다고 하셨다. 인맥을 쌓고 싶었지만, 어떻게 쌓아야 할지 몰랐던 나에게 경험이 많은 것을 알려주었다. 하나의 경험이 여러 가지 경험으로 이어지고, 그 이어진 경험들이 더 큰 기회를 만들어 줄 수 있다는 것을 알게 되었다.

그렇게 기자학교에서 우등생으로 수업을 받았다. 마을 기자학교인 만큼 같이 수업을 듣는 다른 어른들도 우리 동네에서 자주 만났는데, 그 어르신들이 나를 친구처럼 반겨주셨다. 그렇게 나의 꿈인 '유명인사 되기'를 달성했다. 경기권에 살고 있는 나는 이렇게 큰 마을에서 유명인이 되는 것은 하늘의 별 따기처럼 어려운 일이라고 생각했지만, 꿈이 있었기에 하늘이 기꺼이 자신의 별을 내려주었다고 생각했다. 2024년은 1기라 창간호도 만들어야 했다. 기자학교에서 낸 의견을 주민자치회의를 통해 '온정 마을 신문'으로 결정했다. 이렇게 1기부터 소속되고 싶은 꿈도 이룰 수 있었다.

이제 정책 서포터즈에 관한 이야기를 해보겠다. 앞서 의회의 추천을 받아 이루어진 것이라고 언급했다. 학생 서포터즈는 총 4명이었다. 정책을 제안하고 함께 만들어 나가는 역할을 맡으며, 멋진 청소년이 된 기분이었다. 나는 정치인이 되고 싶기도 했었는데, 그 꿈을 어린 나이에 어느 정도 이룬 셈이었다. 지난 8월 14일, 감수성 기르기 시간에 김민섭 작가님과의 만남이 있었다. 내 중학교에서도 뵌 적이 있는 분이라 반갑기도 했고, 아는 체하고 싶기도 했다. 퀴즈를 맞혀 홍세화 작가님의 추모집인 '어떤 어른이 되어야 하냐고 묻는 그대에게'라는 책을 선물 받았다. 김민섭 작가님은 다정을, 홍세화 작가님은 겸손을 늘 옆에 두고 살아가고 있다고 하셨다. 우리의 정책도 그렇게 나아가야 하지 않을까? 정치인들은 시민들에게 겸손하고 다정한 정책을 만들어야 한다. 그것이 내가 정책 서포터즈로서 이루고자 하는 목표라고 생각한다.

우리 엄마는 자기계발에 관심이 많다. 책도 좋아하고 강의나 강연도 즐긴다. 1인 기업 CEO 과정 137기를 수료한 엄마. 그 인연으로 나도 그런 프로젝트를 만드신 김형환 교수님을 만나게 되었다. 그렇게 김형환 교수님이 운영하시는 연합 '나비 독서 모임'에 가게 되었다. '나로부터 비롯하여 훨훨 날아가라'는 의미를 가진 이름이었다. 나도 타인에게 선한 영향력을 주고 싶었다. 더 나은 사람이 되기 위해, 어제보다 더 나은 내가 되기 위해 독서하는 것도 게을리하지 않았다. 삶을 열심히 살다 보니 기회는 또 찾아왔다. 정말 기회는 준비된 자에게 찾아오는 것 같다. 김형환 교수님의 '고등 열정 캠프 17기'에 참여하게 된 것이다. 엄마의 지원과 도움이 있었기에 가능한 일이었고, 엄마께 너무 감사했다. 고등 열정 캠프는 꿈이 명확하지 않았던 나에게 사명과 비전을 심어주었다.

"나 정윤서의 사명은 돈이 없어 치료받지 못하는 가난한 사람들에게 책임, 신뢰, 성장을 바탕으로 새 삶을 부여하는 것이다."
"10년 뒤 26세 정윤서의 비전은 방송 산업 분야에서 언어지능을 활용해 억울한 사람이 없도록 세상을 비춰주는 아나운서가 되는 것이다."

이와 같이 진정한 나를 찾는 과정을 통해 내가 무엇을 원하는지, 그동안 잊고 살았던 본질은 무엇인지, 초심을 잃지 않기 위해 어떤 것들을 해야 하는지 다시 한 번 생각해보게 되었다. 그 순간부터 나의 꿈을 이루는 나날들이 시작되었다. 그동안의 경험이 뒷받침해주고 사랑하는 사람들이 지지해주는 그 환경 속에서 나는 이렇게 나의 사명과 비전을 찾으며 성장해가고 있다.

이렇게 될 수 있었던 것은 엄마의 열정적인 모습을 보고 동기부여를 받았던 덕이기도 하고, 나를 응원해 주었던 많은 사람들의 영향도 있었을 것이다. 그래서 나를 위해, 그들에게 보답하기 위해 더 큰 꿈을 꾸게 되었다. 그리고 그 꿈을 향해 어떻게 달려가야 할지도 깨닫게 되었다.

김형환 교수님은 엄마가 참여한 1인 기업 CEO 과정 외에도 '고등 열정 캠프'를 운영하신다. 나는 아직 중3이지만 고등 열정 캠프를 듣게 되었다. 교수님께서는 "수준이 중요하지, 나이는 중요하지 않다"면서 나를 적극적으로 도와주셨다. 고등 열정 캠프는 지금까지 어떻게 살아왔고, 앞으로 어떻게 살아갈지를 많이 생각해보도록 이끌어 주는 프로그램이다. 나의 미래, 사명, 비전, 핵심 가치 등을 생각해보며 더 나은 나로, 꿈에 한 발짝 더 가까워진 나로 성장할 수 있도록 돕는다. 이를 통해 나는 아나운서라는 꿈을 더 확고히 할 수 있었고, 어떤 노력을 해야 하는지도 알게 되었다. 대학 이후에도 수많은 삶이 있으니 어떤 일에 일희일비하지 말고 열심히, 치열하게 살아가야겠다고 배웠다.

무엇보다 좋았던 것은 멘토님들과의 인터뷰였다. 총 5명의 멘토님이 있었고, 나는 시간 상의 이유로 3명의 멘토님들과 온라인 미팅을 했다. 다양한 분들의 삶을 간접 체험해보면서 '나도 이렇게 살아야지', '이렇게는 살지 말아야지', '어떤 일을 우선순위로 해야겠다' 등을 생각해볼 수 있었다. 그렇게 나의 삶에 접목해 가는 과정이 재미있었다. 이 프로그램에 참여하기 전에도 '누군가에게 물들지 말아야지' 하는 생각을 가지고 있었지만, 어떻게 하는지 방법을 몰랐다. 교수님과 멘토님들에게 그 방법을 물어본 결과, '왜 하는지'를 알면 된다고 하셨다. 이유와 의미 부여, 그 두 가지가 '나의 삶'을 살아가는 데 정말 중요한 역할을 한다는 것을 알게 되었다.

누군가 나에게 시비를 걸거나, 그럴 의도가 없어도 그냥 내 마음이 불편해질 때가 있다. 그럴 때 그 사람을 비난하거나 싫어하는 행동을 하지 말라고 하셨다. 그냥 그 사람의 인생을 인정하고 받아들이라는 것이다. 누군가를 싫어하는 것은 나의 마음이 약해졌을 때, 힘들 때 그런 것이다. 그러니 타인의 인생을 존중해주고 나는 나대로 내 인생을 살면 되는 것이다. 누군가의 인생에 대해 궁금해하지 말고 나의 인생을 사는 것, 그것이야말로 지금 이 순간에 집중하고 최선을 다할 수 있는 방법이 아닐까?

나는 좋은 아이디어를 내고 싶었다. 어렸을 때부터 어른들의 "너는 창의적인 사람이 되어야 한다"는 말에 압박을 받았던 것 같다. 이런 생각에 시달린 것을 보면 나는 태생적으로 창의적이거나 아이디어가 좋았던 사람은 아니었던 것 같다.

나는 도서부원이다. 도서부 활동을 2년째 하고 있는 가운데, 선생님께서 도서관 홍보 영상을 찍으라고 지시하셨다. 어떤 컨셉으로 찍을까 고민하다가 머리가 번뜩였다. '유퀴즈!' 그렇게 유퀴즈 방식으로 도서관 홍보 영상을 찍어 선생님께 제출했다. 사서 선생님은 이 아이디어가 좋다며 학교 전체로 확대하자고 하셨다. 그렇게 우리는 여러 질문을 만들었고, 아침마다 모여 어떻게 할지 논의했다. 우리 학교는 휴대폰을 제출해야 했지만 허락을 받고 들고 다니며 사진을 많이 찍었다. 우리는 학년별로 팀을 나누어 돌아다니며 "유퀴즈?" 하고 외쳤다. 처음 보는 학생에게 기분이 어떠냐고 묻는 스몰토크와 함께 "유퀴즈?" 하며 묻는 것은 쉬운 일이 아니다. 어려운 일이지만, 도서부가 함께 감당해내며 퀴즈를 통해 학생들에게 맞추든 못 맞추든 상품을 주었다. 이를 통해 학생들이 더 재미있게, 열심히 공부할 수 있는 계기가 되었을 것이다. 아이디어에 자신 없던 내가 여러 노력 끝에 나의 아이디어가 학교 전체로 확대되는 경험을 해낸 것이다.

　이렇게 '마을에서 유명인사 되기', '마을 기자단 되기', '지역 단위 기자단 되기', '나의 아이디어 전파하기' 등 나의 버킷리스트를 오늘도 하나씩 지워가고 있다. 다양한 경험을 하기 위해 어떤 것이든 몸 사리지 않고 도전하고 있다. 실패하면 어떤가? 그걸 통해서도 배울 게 있다고 생각한다. 오히려 실패가 성공을 불러일으키기도 한다. 그러니 그냥 시작하는 게 맞다고 본다. 불가능하다고 생각했던 큰 도미노가, 생각지도 못했던 작은 도미노에 의해 함께 쓰러지는 것처럼 말이다. 여러분도 꿈을 크게 가지고 그에 당당히 맞서보길 바란다. 언제나 각자의 인생을 응원한다.

미정

최 가 은

1. 평범한 나

나는 김민지입니다.

그냥 평범한 중학교 3학년입니다. 나는 평범한 학생입니다. 엄청 활발하지도 않고, 그렇다고 아주 조용하지도 않은, 평범한 학생입니다. 눈에 띄게 예쁜 것도 아니고, 친구가 많지도 않습니다.

나의 가정도 평범합니다. 중산층에, 적당히 화목한 가정입니다.

나는 학교에서 딱히 특별한 아이가 아닙니다. 친한 친구 몇 명이랑 사이좋게 지내는, 그런 별 볼 일 없는 아이입니다. 나는 특출나게 잘하는 것도 없습니다. 쇼핑몰을 운영한다거나, 학생 선수로 활동하는 일은 나와는 딴 세계에 있는 것처럼 멀게만 느껴집니다.

2. 미정

앞자리에서 종이를 넘겨받았다. 팔을 뻗어 종이를 받아 한 장은 내

책상에 두고 나머지 두 장은 뒤로 넘겼다. 가로가 세로의 세 배쯤 되어 보이는 종이의 오른쪽에는 이렇게 쓰여 있었다.

'내가 원하는 장래 희망'

그리고 왼쪽에는 이렇게 쓰여 있었다.

'부모님이 원하는 장래 희망'

왼쪽 칸은 쉽게 작성할 수 있었다. 하지만 문제는 오른쪽이었다. 오른쪽 칸으로 시선을 옮겼다. 잠시 고민해 봤지만 떠오르는 것이 없었다. 더 생각해 봐도 딱히 떠오르지 않을 것 같아 대충 두 글자를 적고 턱을 괴고 앉았다. 이 기분 나쁜 혼란도 함께 내뱉고 싶었다.

"맨 뒤에서 걸어오세요."

나는 무표정으로 종이를 건넸다.
점심시간에 담임선생님께서 부르셨다. 그리고 물으셨다. 내가 제출한 '미정'에 대해서. 나는 중학교 2년 내내 똑같이 '미정'이라고 적어 냈고, 이번 학기도 그것을 되풀이했다. 특별한 이유는 없었다. 그냥 되고 싶은 게 없다. 내가 미래에 무언가가 되어 있다는 게 상상이 가지 않았다.

3. 동떨어진 기분

혼자서 급식을 먹는 일 따위는 죽어도 싫었기 때문에 희나가 있는 반을 찾아갔다. 희나는 작년에 같은 반이 된 친구로, 짝꿍을 네 번이나 해서 우리는 단짝이 되었다.

희나를 부르려면 크게 이름을 외치거나 다른 아이에게 부탁해야 했다. 난 주로 후자를 택했다. 주목받는 것이 싫었다. 그런데 오늘은 문 근처에 학생이 없었다. 나는 교실 가운데서 친구들과 웃고 있는 희나를 바라보았다. 희나는 쾌활하고 털털한 성격에, 심지어 꽤 유명한 배구팀에서 활동하는 학생 선수라 인기가 많았다. 많은 친구들과도 두루두루 친하게 지냈다.

"…"

누가 내 머리 속에 우유를 부었나? 흐려진 생각은 불안을 불러온다. 난 그걸 잘 알고 있다. 잔인할 만큼 매운맛이 휩쓴 것처럼 내 생각은 망가진 후 잔해처럼 여운이 남아 있고, 이곳에 붓는 부정적인 생각은 탈만 일으킬 뿐이다. 질투와 불안은 곧 자기 비하로 이어졌다. 이미 충분히 너덜너덜한 마음이지만, 나는 한 번 더 스스로에게 비수를 꽂는다. 결국 희나를 부르는 것을 포기하고 반으로 돌아갔다. 간악한 감정을 삼키고 탈이 난 것 같았다.

4. 늪

정신없이 하루를 보내고 그 피로를 풀기 위해 욕실로 몸을 옮겼다. 적당한 온도의 기분 좋은 온수를 기대했건만.

"아앗, 뜨거워!"

과하게 뜨거운 물에 깜짝 놀라 황급히 수도꼭지를 잠갔다. 반쯤 지워진 파란 표시가 있는 방향으로 수도꼭지를 돌리고, 샤워기 헤드는 몸의 반대쪽을 향하게 한 채 다시 물을 틀었다. 익숙한 액체가 손에 닿자 나는 작게 소리쳤다.

"아악…!"

아, 이런. 너무 차갑잖아!
*
수도꼭지와 사투를 벌이며 끝낸 샤워는 오히려 피로를 더 심화시켰다. 머리카락은 무겁고 축축한 상태로 둔 채 침대로 몸을 던지고 크게 숨을 내쉬었다. 생각의 환기가 절실했다. 나는 팔만 움직여 휴대전화를 찾았다. 차갑고 단단한 감촉이 손에 닿자 그것을 집어 얼굴 앞으로 가져왔다.

"스토리 엄청 많네. 뭐가 그렇게 좋은 거야?"

내용은 보지 않고 화면만 툭툭 눌러 넘겼다. 피드로 돌아가 게시물들을 넘겨보았다.

"희나 게시물 올렸네. 헐, 트로피랑 메달이잖아. 엄청 많아… 금메달도 많이 있네."

좋아요는 누르지 않고 다른 게시물들을 보았다. 이번엔 다른 친구의 것이 보였다.

"저번 시험 성적이네. 와, 지수 올백이야? 미쳤네…"

지수는 항상 높은 점수를 유지해서 친구들의 부러움을 샀다. 초등학생 때부터 알고 지낸 나도 그런 지수를 부러워했다. 오래된 친구이지만, 열등감 때문에 진심으로 축하해 주지 못했다.

"…"

나도 참 못됐다.
*

짜증스럽게 휴대폰 화면을 두드렸다. 매일 아침 듣는 알람 소리는 적응되지 않는다.

"아… 머리도 안 말리고 잠들었네."

지겹다. 늘 똑같이 반복되는 일상이. 사람들은 이런 삶을 쳇바퀴 같다고 하는데, 오히려 나는 가라앉고 있는 것 같다. 더 밑으로 갈수록 움직이기 힘들어지는 늪 속으로.

5. 가라앉고 있는 건

아침은 먹지 않고 집을 나섰다. 7시 53분. 충분히 여유 있었다. 버스 정류장으로 걸음을 옮기며 SNS를 켰다. DM이 와 있었다.

한아영: 민지야ㅜㅜ 진짜 미안해. 나 오늘 완전 늦잠 자서… 미안해ㅜㅜ

4분 전에 온 메시지였다.

"…혼자 가게 생겼네."

답장은 보내지 않고 공감 표시만 남겨 놓았다. 버스는 생각보다 금방 왔다. 주머니에 넣어둔 교통카드를 대자 경쾌한 소리와 함께 내 신분을 알리는 음성이 들렸다.

 버스 안엔 사람이 많았다. 앉을 곳은 물론 서 있을 공간도 부족했다. 겨우겨우 자리를 차지하고 손잡이를 잡았다. 버스가 움직이기 시작했다. 그 탓에 조금 휘청했지만 부끄러울 정도는 아니었다. 코너를 돌고, 도로를 달리는 풍경은 너무 익숙했다. 지겹다.

*

 조례가 끝나고 급수대로 갔다. 빈 텀블러에 냉수를 채웠다. 왠지 속이 답답해서 벌컥벌컥 물을 마셨다. 물의 찬 기운이 입속부터 몸 구석구석까지 퍼졌다. 간질간질한 기분이 어색했다.
 반으로 돌아오니 아영이가 반 앞에 서 있었다. 나를 발견하지 못한 건지 아영이는 지나가는 친구들과 인사를 나누고 있었다.

"아영이다~"
"! 민지~~"
"뭐야, 언제 왔어?"
"방금 왔어. 혼자 갔지? 미안…"

아영이가 우는 시늉을 했다.

"아니야, 릴스 보니까 시간 금방 가던데 뭘."
"그래도… 나 다음부터는 진짜 일찍일찍 일어난다."

"그래, 그래. …근데 아영아, 너 폰 안 냈지? 아까부터 폰 엄청 떨리던데?"
"…인스타 알림이네? 안 꺼놨던가?"
"그게 다 인스타 알림이라고?"
"응. 방금 전에 게시물 올렸거든~"

아영이가 손가락 두 개를 펴 브이를 만들어 보였다.

"이게 2만 팔로워야~"

아영이는 나중에 연예계 쪽으로 가려나? 얼굴이 예쁘니까 잘나가겠네. 그럼 나 같은 고민 안 하겠지…

"아영아, 이제 곧 종 치지 않아?"
"헉, 그렇네. 나 간다. 이따 봐!"

달려가는 아영이의 뒷모습이 보였다. 점점 작아지다가 코너를 돌자 완전히 보이지 않게 되었다. 빈 복도에는 나만 서 있었다.

*

어떻게 하루를 보낸 건지 모르겠다.

"–이상."

선생님의 말씀이 끝나자 아이들이 자리를 박차고 교탁으로 달려갔다. 나는 조금 기다렸다가 인적이 드물어졌을 때, 휴대전화를 챙겨 나왔다.

"민지야~~!!!"

누군가 나를 불렀다. 소리가 나는 쪽을 바라보자 아영이가 있었다. 아영이는 뒷문에 서서 나를 기다리고 있었다. 아영이가 손짓으로 나를 불렀다.

"뭐야, 말도 없이?"
"민지! 나랑 노래방 가자!"
"노래방? 지금?"
"응. 청소 있는 거 아니지?"
"어, 괜찮긴 한데… 갑자기?"
"갑자기가 어딨어. 가면 가는 거지. 신발 빨리 갈아 신어!"
"어…"

내가 왜 여기 있지.

최가은 · 157

"잔인한~ 여자라~! 나를 욕하지는 마~"

수행평가도 준비해야 하고… 문제집 사둔 것도 풀어야 하는데.

"잠시 너를 위해~ 이별을~ 택한~거야~~! 호우워!"

뭐야… 쟤 오늘따라 왜 이렇게 열정적이지…?

"길진~ 않을 거야… 슬픔이 가기까지~ 영원히~!"

노래를 끝낸 아영이가 내 옆에 앉았다. 조금 딱딱한 소파는 편하진 않았지만 앉을 만했다.

"완전 열창했네?"

나는 아영이에게 물을 건네며 말했다. 500ml짜리 페트병을 받아 든 아영이는 뚜껑을 따서 벌컥벌컥 물을 마셨다. 페트병의 내용물이 반 정도 남자, 아영이의 입술과 페트병 입구가 떨어졌다. 푸하. 소리를 낸 아영이가 홀가분한 숨을 내쉬었다.

"그렇지?"
"오늘 엄청 열정적인데~"

"응! 목 상태 괜찮지!"

아영이가 다시 자리에서 일어났다. 리모컨을 꾹꾹 누르더니 시작 버튼을 누르고 마이크를 거머쥐었다. 그리고 나에게 다가와 그 마이크를 건넸다.

"자, 너도 불러."
"나? 난 괜찮은데. 그리고 나 저 노래 하이라이트 부분밖에 몰라."
"괜찮아! 좀 모르면 어때?"
"어?"
"하이라이트만 불러 그럼~ 내가 아니까 괜찮아. 같이 부르면 되지."
"어… 그래도 좀 그렇지 않나?"
"뭐가? 괜찮으니까 그냥 불러~ 재밌으면 장땡이지."
"그럼… 알겠어. 마이크 줘."

6. 위로와 격려는 별 것 아닌 호의에서 나온다

생각보다 훨씬 재밌게 놀았다.
노래방에서 한참 불렀어… 카페까지 왔네. 아, 이 음료 맛있다.

"어때?"
"뭐가?"

"스트레스 좀 풀렸어?"

"어떻게 알았어? 나 기분 안 좋았던 거. 티 났어?"

"척하면 척, 뙇! 알지~ 그래서, 좀 괜찮아졌어?"

"아하하… 음, 조금? 간만에 재밌게 놀았다."

"그렇지? 노래방에서 놀면 스트레스 풀리잖아! 난 그렇더라고. 단 거 먹는 것도 좋고. 이 케이크 먹어봐! 내가 좋아하는 거야."

"오, 이거 맛있다."

내 앞에 놓인 케이크를 내려보았다. 딸기가 올라간 초콜릿 케이크는 아주 먹음직스러웠다. 한 입 가득 넣어 우물거렸다.

"…민지. 너 요즘 고민하는 거 있지?"

"고민 없는 사람이 어디 있어."

"아니, 그런 뜻이 아니고~"

닷만 나는 음료를 마셨다. 대답하지 않을 핑곗거리가 필요했다. 아영이가 불만스러운 표정으로 쳐다보았다. 자신의 음료 빨대를 만지작거리다, 한입 마신다. 투명한 빨대를 따라 분홍색 음료가 채워지는 것이 보인다. 음료의 움직임을 나의 눈동자로 따라갔다.

잠시의 정적. 짧은 망설임 후 입을 떼었다.

"별건 아니고 그냥, 어제 장래희망 썼잖아. 근데 나는 꿈도 없고… 잘

하는 것도 없어서. 희나는 선수 하고, 지수는 공부 잘하고. 넌 인스타 수입도 꽤 있잖아. 너희는 이런 고민 안 할 테니까 부럽기도 하고… 뭐, 그냥 그런 고민이야. 생각이 많아져서 그래."

이런 모습 바보같이 보이겠지…

아영이의 얼굴을 볼 자신이 없어 음료 빨대만 휘적거렸다. 옵션을 가득 추가한 버블티가 빨대를 따라 빙글빙글 돌았다. 아, 음료 색이 더러워졌다.

늘 이랬다. 기분 나쁜 고민을 할 때면 빙빙 도는 느낌이다. 해답이 나오지 않지만 일단 맷돌을 돌린다. 그르륵, 그르륵, 그륵… 그르륵… 그러다, 쿠르륵… 쿠르륵… 가라앉는다. 우울 속으로, 생각 속으로 가라 앉는다. 폐에 들어간 물이 도움을 요청하려는 외치는 듯했다.

"야!"
"놀랐잖아… 왜?"
"너 내 눈 똑바로 마주치고 들어."

아영이가 내 손을 잡았다. 꼼짝도 못 하게 가두듯이 꽉 잡았다.

"이상한 거 아니야! 다 한 번쯤은 하는 생각이니까 그러지 마. 나도 그런 생각해."
"너도?"

"그럼. 나도 게시물에 하트 덜 눌리면 초조하고 불안해. 인기랑 유행은 한순간이니까. 희나도 비슷하지 않을까? 스포츠는 매일 경쟁이잖아."

'의외였다.'

"전에 지수가 나한테 그랬어. 자기, 성적은 나오는데 하고 싶은 게 없어서 고민이래."

"…지수도, 희나도 똑같은 고민을 하는구나. 뭔가 신기하다. 걱정 없을 줄 알았는데… 다들 고충이 있었구나. 하하."

이상하게 웃음이 나왔다. 계속 고민하던 것인데, 아영이 말 한마디에 한결 나아졌다니.

"아영아. 이상해."

"응? 뭐가?"

"나… 이거 진짜 고민하고 스트레스받던 건데, 네 말 한마디에 많이 괜찮아졌어. 그냥, 다 이런 생각을 하고, 내가 이상한 게 아니라는 생각이 드니까 괜찮아졌어."

"나도 그래. 내가 비슷하다, 같다, 하고 소속감을 느끼면 심각하게 고민하던 것도 괜찮아지더라."

"해결된 게 하나도 없는데도 후련해. 고마워, 아영아."

"훗, 내가 뭐 한게 있다고"라고 말하는 아영이는 우쭐대며 어깨를 한 번 들썩였다. 그 모습에 더 안심되어 눈물이 찔끔 나올 뻔했다.

7. 홀가분함

어제는 별 거 아닌 일 하나에도 예민해졌는데, 지금은 아무렇지도 않다. 극과 극인 물 온도도 아무렇지 않게 조절하고, 욕실에서 나와 바로 드라이어를 켰다. 따뜻하고 뽀송한 머리카락이 뒷목에 간질간질한 온기가 느껴졌다. 기분 좋게 끝낸 청결을 위한 활동은 환기라도 한 듯 한결 산뜻한 기분을 불러왔다.

스마트폰을 가져와 SNS를 켰다.

"희나 마라탕 먹었네? 맛있겠다."
"우와… 저게 다 프린트야? 지수네 학원 숙제 진짜 많네… 공부 못 하기가 더 힘들겠다."
"…뭐야."

김 빠진 웃음을 뱉었다. 입꼬리를 살짝 올리고 스토리에 하트를 눌렀다.

@minG_3203

친한 친구 한정 스토리에는 나와 아영이가 마셨던 음료 사진이 있었다. 엄청 좋은 일도 아닌데 배시시 웃음이 튀어나왔다.

스마트폰 화면을 끄고 침대로 던져버렸다. 동시에 나의 몸도 대자로

해 던져지듯 누웠다. 큰 숨을 내쉬고 천장을 올려다봤다. 자꾸 웃음이 나왔다.

"…뭐든, 할 수 있을 것 같아."

되고 싶은 미래의 내 모습이 없다. 그렇지만 이 공백을 채우고 싶지는 않다. 조금 늦은 나의 선택이 잘못된 일은 아니니까.
이상적이고 소중한 꿈이 생긴다면, 그 때 내 미정을 고쳐 쓸 것이다. 나는 행복의 형태를 결정하는 데에 신중을 기울일 뿐.

카아아 패인(pain)

최 석 연

어렸을 때 커피를 마시는 어른들을 이해하지 못했다.

처음 커피를 마셨을 때를 아직도 기억한다.

유치원생 때 엄마랑 카페에 갔는데, 엄마 아빠가 매일 마시는 저 갈색 물을 볼 때마다 "얼마나 맛있으면 매일 마시고 계실까?"라는 생각과 "혹시 내가 마시는 초코우유보다 맛있을 수도? 아이스티 맛일까?"라는 생각이 들었다. 그래서 엄마한테 조르고 졸라 딱 한 모금만 마시기로 했다. 그것은 실수였다. 커피를 마시기 직전 뭔가 이상함을 느꼈지만 그대로 마셨다.

그 순간, 유치원까지 살아온 인생 중 저런 병원 가루약보다 쓴 물을 뭐가 좋다고 마시는지 이해할 수 없었다. 바로 켁켁거리며 커피를 마신 입을 다시 원래 상태로 되돌리고 싶었다. 계속해서 입안에 남아 있는 그 쓴맛을 없애고 싶었다. 초등학교 1학년 때 나는 그 갈색 물이 커피라는 것을 알게 되었다. 그런데 왜 가만히 있는 열매를 굳이 태워서 물에 우리는지 이해가 가지 않았다.

물론 그 향을 느낄 수는 있었다. 하지만 굳이 그 향을 느끼기 위해 쓴맛을 견디는 것은 힘들었다.

초등학교 6학년이 되었다.
여전히 커피는 마시지 못했지만, 의외로 커피 향은 좋아했다. 마치 모순 같았다. 커피 향은 좋지만 커피 자체는 싫어하는, 마치 꽃냄새는 좋아하지만 꽃 자체는 싫어하는 것처럼. 커피 향을 맡기 위해 마시지 못하는 카페에 가서 친구들과 함께 곡물 라떼, 초코 라떼, 딸기 라떼만 마시며 시간을 보냈다.

그렇게 중학교 2학년이 되었다.
이때부터 시험을 앞두고 커피에 손을 대기로 했다.
다시 마시게 된 커피는 내 눈에는 마치 빛마저 삼킬 듯 검은색에 사약처럼 보였다. 물론 커피는 갈색이었지만, 씁싸름한 맛을 연상할수록 그 색은 더욱 짙어 보였다.
나는 눈을 감고 마셨다. 여전히 씁쓸한 맛이 느껴졌지만, 나이가 조금 들어서였을까? 전에 느끼지 못했던 맛이 느껴졌다. 씁쓸한 맛 뒤에 은은하게 다가오는 향과 산미, 그리고 바디감이 있었다. 물론 그걸 느끼긴 했지만, 쓴맛 때문에 더 깊이 느끼기 어려웠다.

중2 현장 체험 학습 때 무더운 여름, 물도 없이 에버랜드로 갔다.
그때가 대략 정오에서 오후 1시쯤이었고, 기억으로는 기온이 34도까지 올라갔으며 체감 온도는 36도였다. 1시간 만에 얻은 그늘자리에서도 물을 찾을 수 없었다. 아마 더워서 시야가 흐려졌던 것 같다. 6명이 거의 반 실신 상태로 누워 있어서 더 찾기 어려웠다. 그렇게 나는 푸드트럭에서 커피를 사서 그늘로 돌아왔다. 이것이 처음 자발적으로 산 커피였다.

그때의 커피는 무더운 더위 때문이었을까, 아니면 목이 말라서였을까?

왜인지는 모르겠지만 쓴맛은 거의 느껴지지 않았고 뒤에 남는 풍미만이 느껴지는 엄청난 아이스 콜드브루였다. 그때부터였을까?

조금씩 조금씩 커피를 사 마시다가, 필요할 때나 새벽에 일찍 일어날 때 아이스 커피를 일상적으로 사 마시게 되기까지 그렇게 오랜 시간이 걸리지는 않았다. 물론 커피를 각성 용도로 마시다 보니, 커피는 미래의 나의 기력을 사용하게 하는 금지된(?) 능력처럼 되어 지금은 생생해지지만 그 후폭풍이 어마어마하게 느껴졌다.

늘 시험 기간에 커피를 마시고 시험을 치른 후에는 무조건 다음 날 늦잠을 자거나, 집에 와서 평소에 낮잠을 자지 않던 나도 낮잠을 자게 되었다. 커피를 마실수록 뭔가 자꾸 후폭풍이 찾아왔다.

카페인 때문에 이후에 고통이 밀려왔다. 친구들과 나는 농담 삼아 "카페인이니까 후폭풍이 심하니까, 그냥 카페인이라고 하는 것보다 카아아악, 페인(pain)이라고 하는 게 더 역동적이지 않아?" 등의 내용을 주고받으며 웃곤 했다.

"그러고 보니 어른들이 매일 커피를 마신다는 건 우리가 어른이 됐을 때 엄청 힘든 걸까? 어른들이 커피로 링거 맞는다는 농담도 있잖아."

관심이 조금 생겼다. 카페인의 후폭풍이 그 정도라면 어른들은 업무나 생활이 정말 힘들어서, 후폭풍의 고통보다 현실의 고통이 더 큰 걸까 하는 생각을 하게 되었다. 카페인으로 기력을 끌어와서 생활하지 않으면 현실을 살아갈 수 없을 정도로 힘든 걸까?

이런 궁금증을 가지고, 아빠와 엄마에게 물어보았다.

아빠는 인생이 커피보다 쓰니까 마신다고 하셨고, 엄마는 커피를 안 마시면 하루를 보내기 힘들다고 하셨다.

어린 시절에 나는 커피를 단지 쓴 음식이라고 여겼으나, 나이가 들수록 커피를 찾는 것은 마치 어른들이 현실이 너무 고달프고 힘들어서 검은 물에 감정들을 볶아 마시며 하루하루를 연명하는 것처럼 보였다. 마치 카페인으로 현실의 고통을 커피의 쓴맛으로 덮으려는 듯한, "커버 더 페인(C. Pain)"이 아닐까라는 생각도 들었다.

몇 년뒤 어른이 되었을 때 현실이 너무 힘들어져서 커피를 더 많이 마시게 될까? 라는 생각과 함께 커피보다는 앞으로 내가 겪게 될 현실의 고통이 무엇일지, 학생인 내가 아직 모르는 힘든 일들에 대해 두려움이 생기기도 했다.

하지만 확실한 것은 커피가 어른들의 도피처이자 유일하게 마시는 버팀목처럼 느껴졌다는 것이다. 그 깊은 검은색이 모든 것을 덮는 고통처럼 보였으나, 동시에 그 검은색이 다양한 어른들의 감정을 감추어 주는 따스한 존재처럼 보이기도 했다.

　어렸을 때 커피가 단지 쓰게만 느껴졌던 것처럼, 어렸을 땐 어른들이 무적이며 뭐든 할 수 있는 존재처럼 보여 어른이 되고 싶었다.
　그러나 커피의 맛이 덜 쓰게 느껴지기 시작하면서 나는 어른이 되고 싶기보다는 어른들이 가지는 책임이 얼마나 힘든 것인지 알게 되었다.
　어른들도 쉬고 싶지 않을까?
　어른들도 사람이니까.
　그들이 살아가기 위해 마시는 커피라니… 어른들도 어렸을 때는 그 커피가 마냥 쓰고 맛없게 느껴졌을 것이다. 그들도 한 때, 빛날 준비를 하던 찬란한 별들이었을 테니까.
　그래서 어른들이 커피를 마실 때마다, 그 커피를 볼 때마다 생각나는 말.

　"카아아 패인(pain)"

라일락의 부정

한 다 현

모든 것이 두려운 나에게 갑자기 찾아와 희망과 행복을 주어서, 단지 그것 때문에.
난 이름 모를 감정을 느꼈고, 그 감정에게 어떠한 이름이라도 붙이기 무서웠던 나는
결국 너에게, 또한 나에게 상처를 주며 밀어냈다.

이 감정에 이름을 붙이게 되었을 때는 이미 다 늦었단 것을
지금만 존재하던 너에게 난 너무 미숙했음을
라일락을 심어준 너에겐 난 아무것도 될 수 없었음을

모든 것이 완벽했던 너에게
이 많은, 숨겨왔던 내 모든 진심이 전해졌으면 하며,
이젠 네가 내 기억의 일부분만 되어주길 빈다.

완벽한 찰나

사실 난 그때의 네 모습이 너무 좋았지만
이젠 내가 너의 찰나에 들어가지 못할테니
내가 헛된 희망을 안기지 않게
너의 많은 것들이 변해주길

그때의 너가, 내가 있었기에
우리의 모든 것이 더욱 완벽해보였다.

너의 변함에 절망을 심어 보내며.

변함에 대한 두려움

모든 것이 종결되었다.
세상이, 지구의 움직임이.
조금 어지러웠다.

하늘의 위를 내가 칠 수 있을 만큼 세계가 작아졌다.
그럼에도 우리는 위태로운 나무판 위를 아무 겁 없이 걷는다.
큰 고래들이 우리 위를 떠다니며
천천히 보랏빛 하늘을 걸으며 작은 운석들을 내린다.

나의 눈앞에서 모든 것들이 변화한다.
우린 서로를 바라보고 많은 것을 결심한 듯
손을 잡고 그 나무판을 뛰어내렸다.

전도

마지막을 사랑하는 것은

나의 모든 것을 안아주는 것
이쁘지 못한 나의 미소를 계속 띠게 해주는 것
더 나를 찾을 수 있게 해주는 것이다.

난 나의 많은 마지막들을 사랑해서
너의 처음을 안아주었고
넌 처음만을 사랑해서
나에게 거친 파도를 안겨주었다.

두려움의 아이

너의 완전한 별에게 안녕을 건넨 날은 모든 것이 거짓으로 복잡하게 얽혀있었다.

나는 내 모든 걸 떨쳐내는 것 같았지만
난 그저 진실을 외면하려 했던 것 이였고,
어느 정도 인정은 무슨,
나는 너의 아픔을 내 사랑으로 뒤덮어 없애려고 했다.

정말 이기적 이었다.
내가 뭐길래 너의 큰 두려움을 겨우 내 마음 하날 믿고 가리려 했는지.
내 마음은 너의 두려움이란 이름을 가진 아이의 눈 하나 조차도 가릴 수 없었다.
가린다 해도 소용이 없었다.
가리는 것은 보이지 않게 하는 것 일 뿐, 완전히 사라지진 않는 다는 것이었다.

그럴수록 너의 아픔은 더 빨리 퍼져나갔다.

넌 왜 그렇게 그냥 아이라는 이름 하나 때문에 숨겨질 거라 생각하고 가리려 노력했는지
그 작은 몸으로, 마음으로 그걸 없애려 했는지.

순수함에 죽는 것

차가운 겨울바람이 창문을 건들 때
한 아이가 추움을 견디며 걸어간다.
한 손에 작은 핫팩을 들고.

그러다 자신만한 눈사람을 발견했다.
얼굴이 몸만한 그냥 흔한 눈사람이였다.
그 눈사람을 보자 바로 앞에 멈춰 서서 그저 쳐다보기만 한다.

많은 것들이 아이에게 물었다.
한 땐 모든 사랑을 쏟아 부어 만들어놓고
이렇게 추운 겨울에 버려놓다니
아이에겐 말도 안 되는 질문들이였다.

아이는 그 눈사람을 짧은 팔로 껴안아준다.
그리고 눈이 조금씩 내릴 때까지 기다리고
아이는 주머니에서 핫팩을 꺼내 눈사람 옆에 둔다.

조금 지나선 그 옆에 차가운 핫팩만이 남아있었다.

순수한 사랑 때문에 사라진 눈사람은 계속 그 아이를 쳐다보고 있을 뿐이다.

만약이라는 단일함

만약에 우리 정말 먼 미래라더라도 마주친다면
그런다면 우리 정말 더 행복해진 모습으로 마주하자.
많은 것이 변하지 않은 채로, 온전히 너와 나인 채로
모르는 척 서로를 향해 웃어주며 우리끼리만 알 가벼운 인사를 건네주며
계속 우리 서로 가는 길을 가자.
너의 길고 짧은 인생에
순간의 우리가 함께했던 추억이 담겨있길 바랄게

다음 생엔 만나지 않았으면을 전하며,
지금도 많이 사랑하는, 다시는 닿지 못할 가장 이쁜 별인 너에게 전달되길.

절망

추워하는 너를 따듯하게 감싸주면
너는 고맙다는 말없이
따듯함도 못 느낀다는 듯
나의 행동을 무심하게 바라만 본다.

내가 호감을 표하면
너는 모르는지 모르는 척 하는 건지
내 의도가 담긴 행동을 보고선 숨어버린다.

내가 너에게 어떤 행동을 해야
네가 좋아하고, 받아줄지,
고민하며 잠에 든다.

대조와 공존함

영원을 애정한 소년은
찰나라는 소녀를 만나

인생이란 유한함과 무한함이 공존하는 곳에선
찰나의 순간이 더 사랑받는다는 것을
나의 삶에 항상 영원히 있을 수 없다는 것,
그렇기에 내 모든 것이 아름다울 수 있다는 것을
마음 한 구석에 암석 새기듯 간직한다.

모든 것이 유한함을 믿는 소녀는
끝나지 않을 거란 커다란 우주를 기억하는 소년을 사랑해서
적어도 죽기 전까진 우린 영원했음을
우리의 마음이 변했더래도,
우리가 서로에게 느꼈었던 마음은 소멸되지 않는다는 것을
사라지지 않을 만큼의 큰 상처를 자신의 심장에 긋는다.

소녀와 소년이 가진 순간으로만 가득한 기억들에
영원이 조용히 숨 쉴 수 있게,
소녀와 소년은 찰나의 영원함을 되새기며
서로의 손을 잡고 바다로 흘러내려간다.

세상이 너에게 뛰어들 때

넌 바다에 빠진대도
너의 모든 것이 완전할 것이니
두려워하지 말고
날 천천히 불 태워주길.

네가 이 큰 파도를 걸어
홀로 섬에 도착할 때
모든 아름다움을 너에게 보내고 싶어

아무리 힘들어도 그저 널 생각하면서,
너만을 바라보며 저 좁은 얼음길을 천천히 걸어와주길.

반영

너의 그 반짝이는 눈이 좋았다.
네가 좋아한다는 그 많은 것들을 나에게 자랑스럽게 이야기할 때
사실 너의 좋아하는 것을 듣지 않았지만
나는 그때 너의 가장 빛나는 걸 보았으니
이정도면 용서해주자.

너의 희망과 기쁨으로 가득 찬 눈망울을 보고 난 생각했다.
너의 눈망울 속 많은 은하 중 하나가 되고 싶었다.
그러면 나는 너에 의해서 빛나게 될 테니

너의 눈망울 속 달이 되고 싶었다.
너의 많은 것을 반사해서 비춰줄 자신이 있으니.

아름다움의 초월

너는 나의 별로 없는 아름다움을 모두 초월해버렸다.
항상 니 옆에 있는 동안은 나조차도 내가 보이지 않아서
난 너의 그 잘난 광선을 프리즘을 굴절 시키려 했지만
나의 부족함에 오히려 분산시켜 버렸다.

이제야 생각한 건데, 넌 내가 굴절시키는 데에 성공했어도
너는 계속해서 어딘가로 나아갔을 것,
너라는 별이 궤도를 이탈하더라도 계속 떠돌 것 같아
그러니 계속 날 짓밟고 남색으로 물들여줬으면.

검은빛 바다

난 바다가 싫다.
내 모든 걸 가져가 저 멀리 떠나보낼 것 같다.
절망스럽게도 넌 바다 같은 아이였다.

사실 웃기게도 난 바다의 장난에 속은 것이었다.
커다란 마음으로 날 안아주겠지 하며 난 너의 거짓에 넘어가고
결국 그 모든 게 내 잘못으로 돌아오고,
넌 나의 온전함을 가져가 버렸다.

너의 그 파도는 내가 뛰어넘지 못했고
파도에 점점 사그라들기까지 했다.
그럼에도 아직도 널 그린다는 것이 비관해서
난 너에게 거칠게 안겨 조용히 소멸될 것이다.

지우개

너로 인해 난 닳고 있다.
처음엔 따듯함을 느꼈었는데
며칠이 지나고 어딘가 쑤시더니
내 몸엔 상처가 나 있었다.

그래도 난 널 위해서라면
피부가 뜯기고 버려져도 괜찮다.
언젠가 나를 다시 만날 수 있을 거라 믿기에.

아픔의 증명법

아픔을 증명하는 법은
모든 것을 내려놓고 구름의 냄새를 모두 삼키며
그 제일 끝으로 달려가 눈을 감을 준비를 하고
내가 가장 좋아했던 것을 생각하면 된다.

그리고선 조용히 가장 아래로 떨어지면 된다.
내가 마지막까지 생각했던 것이
내 마지막 꿈에 조용히 입을 맞추며
영원히 달콤한 꿈에 빠지면 끝이다.

허기

그 넓은 태양이 지평선에 접할 때
붉은 공기가 떠다닌다.
많은 것들이 세상을 멸망시키려 한다.
거센 초록빛의 파도가 내 다리를 밀어낼 때
나는 기꺼이 그의 손을 잡고
작은 혜성을 맞이하러 든다.

달과 지구

달과 지구는
영원히 서로의 얼굴만 바라본다.
뒤편은 서로 감춘 채로.

그래서 더 아름다워 보인다.
많은 동화들이 가장 완벽할 때 막을 내리는 것처럼,
많은 것들이 보이지 않아야 황홀함을 느낄 수 있다.

변함의 질

거짓이란 너의 장난감이
널 꽉 쥐었을 때 뿜어져 나온 너의 어둠이
천천히 날 찔러왔다.
세상이 접히는 듯 어지러웠다.

저 멀리 있는 한 위성에게 묻고 싶었다.
한 행성만을 돌면 지겹지 않냐고,
혹시 네가 계속 곁에서 맴돌던 행성이 가짜였더래도
그걸 계속 바라볼 거냐고.

무의식

어느 한 부엉이가 소년에게 날아왔다.
물망초를 다리에 매단 채
너는 부엉이를 두 번 쓰다듬고선
그녀를 본체만체한다.

그리고 다음 날이 되었을 때
그 소년은 저도 모르게 부엉이를 그리고 있었다.

공감하는공간 24
흐르는 땀방울에도 흩어져만 가고
ⓒ 허정희, 2024

기　획_ 이혜진, 허정희
지은이_ 남수원중학교
　　　　김나경 박정은 신하안 양세은
　　　　이용원 이채원 정민수 정윤서
　　　　최가은 최석연 한다현

발 행 인_ 이도훈
펴 낸 곳_ 파란하늘
초판발행_ 2024년 12월 7일

사무실_ 서울시 서초구 법원로3길 19, 2층 W109호
　　　　(서초동, 양지원빌딩)
전　화_ 02) 595-4621
팩　스_ 0504-227-4621
이메일_ flyhun9@naver.com
홈페이지_ www.dohun.kr

ISBN_ 979-11-988681-9-0 03810
정가_ 15,000원